지구에서 브랜드로 살아남기

SURVIVING AS A BRAND ON EARTH

해외상표열전

박소현 지음

도서출판 드림드림

초판 발행 2025년 1월 10일

지구에서 브랜드로 살아남기 _해외상표열전

지은이 | 박소현

편집장 | 김수민
펴낸곳 | 도서출판 드림드림
등 록 | 제 409-2018-000008 호(2018년 4월 3일)
주 소 | 경기도 김포시 김포한강8로 333, 312-108
전 화 | 02-335-1597　　　　**이메일** | yularts@naver.com

편집디자인 | 율아츠

ISBN 979-11-979075-3-1 03320

저작권자 ⓒ 박소현

이 책의 저작권은 저자에게 있습니다. 서면에 의한 저자와의 허락없이 내용의 일브를 인용하거나 발췌하는 것을 금합니다.

* 책값은 뒤표지에 있습니다.
* 잘못된 책은 구입처에서 바꾸어 드립니다.
* 저자와의 협의하에 인지는 생략합니다.

지구에서
SURVIVING AS A BRAND ON EARTH
브랜드로
살아남기
해외상표열전

박소현 지음

도서출판 드림드림

Contents

프롤로그 | 지구에서 브랜드로 살아남기　　　　　　　　　　008

Chapter I

상표등록이 있는데도 먼저 사용한 상표가 있으면 효력이 없어진다고?　014
상품 분류가 나라마다 다를 수 있다고?　021
마드리드조약의 실효성에 대한 합리적인 의구심　028
국제등록의 기초출원이 갖은 노력에도 거절되어 버렸을 때　035
해외상표 검색 어디까지 해야 할까　041
남들은 얼마나 많은 국가에 상표등록을 하나요　051
35류 등록 꼭 필요한가　057
꼭 브랜드만 등록 해야 하는 것은 아니다.　066
상품 한정으로 거절이유 회피하기　074
갖은 노력에도 결국 상표등록을 확보할 수 없을 때　080
너무 많은 국가에서 상표등록이 거절될 때　039
등록주의 국가에서 불사용 등록취소심판은 당연한 권리　095
상표는 같지만 실제 사용 상품은 다를 때　102

Chapter II

"아무래도 상표권을 양수 받아야 할 것 같아요."	110
"큰 투자를 앞두고 있는데, 상표권이 무조건 필요합니다."	115
"아는 사람이 더 무섭네요. 우리 사이에 어떻게…"	122
"어떻게 이게 등록이 되죠? 이해가 안 되는데"	130
"와, 이거하려고 3년을 기다렸나봐요. 뒤끝있네.."	137
"심증은 가는데 물증이 없네요"	144
"이 건 좀 너무 하는데요? 대응해야겠습니다"	154
"애초에 싹을 잘라 버리는 게 맞는 것 같아요"	161
"이렇게까지 따라하면 곤란하죠"	170
"그래도 할 말은 해야죠"	176
"음.. 상대가 너무 큰데요. 포기하는 게 낫겠지요?"	181
"어차피 글로벌에서 만나게 될 거, 전 세계에서 합의하겠습니다"	187
"다른 건 몰라도 가품이 한국으로 수입되는 건 막아야겠습니다"	194
"퇴사자가 도메인을 등록해버렸는데 어쩌죠?"	200

Chapter III

글로벌 시대, 상표의 국경은 어디까지일까?	206
외국 주지상표 등록저지의 상호주의에 대한 심각한 고민	211
사용주의냐 등록주의냐 그것이 문제로다	215

에필로그 | JUST DO IT 219

프롤로그
지구에서 브랜드로 살아남기

2006년 가을부터 변리사 일을 했으니 벌써 20년 가까이 흘렀습니다. 처음부터 저는 상표가 좋았습니다. 변리사로서의 커리어에 대해 약간 고민을 하기도 했지만, 결국 상표 전문 변리사가 되겠다고 결심했습니다. 재밌을 것 같았고, 잘할 수 있을 것 같았거든요. 물론, 이제까지 제가 해온 모든 일이 상표와 관련된 것은 아니었지만, 제게 가장 중요하고 제가 가장 잘할 수 있는 일은 '상표'라고 생각하며 줄곧 이 길을 걸어왔습니다.

그 동안 정말 많은 일을 겪었습니다. 잘된 일도 있었고, 잘 안된 일도 있었죠. 매출 10억짜리 회사를 7년 만에 1500억 가치로 키워내는 것도 보았고, 폴란드 회사와의 계약이 전쟁으로 인해 파기되어 어쩔 수 없이 폐업까지 가게 된 안타까운 사례도 있었습니다. 안 될 것 같았는데 성공한 일도 있었고, 성공을 자신 했는데 의외의 결과를 받은 적도 많았습니다. 일은 항상 쉽지 않았지만, 매번 새롭고 흥미로웠습니다. 세상은 계속 변하고, 새로운 사업은 끊임없이 생겨나니까요.

지난 20년을 돌아보며, 중간 점검의 시간을 한번 가져보면 어떨까 싶었습니다. 앞으로 여태까지 해온 것만큼 일을 할 텐데, 과연 나는 제대로 일하고 있는지, 내가 지향해온 방향이 맞는지 한번쯤 확인해보고 싶었어요.

짧지 않은 시간 동안 이 일을 해오면서 중소기업들이 해외에 제품을 수출할 때 결국 가장 현실적인 무기가 되어 주는 것은 '상표'라는 것을 깨닫는 일이 많았습니다. 특허권이나 디자인권도 정말 중요하고 반드시 갖춰야 할 권리지만, 저비용에 직관적이어서 침해 판단이 쉽고, 사용할 수록 가치가 쌓이는 상표야말로 제품을 실질적으로 보호할 수 있는 권리가 아닐까 하고요.

그래서 제가 그 동안 경험한 해외 상표 사건들을 정리해서 공유한다면 우리 기업들이 해외에 진출할 때 최소한 마음의 준비는 하도록 도울 수도 있겠다 싶었습니다. 법의 세계에 정답은 없고, 결과는 상황에 따라 달라지지만, 다른 회사들이 이미 겪은 경험을 통해 "아, 이런 일이 있을 수 있구나, 이 회사는 이렇게 해결했구나"하고 미리 알 수 있다면 큰 도움이 되지 않을까. 그리고 이런 일이 혼자만의 문제가 아니라는 것을 알게 된다면, 막막하기만 했던 일에 조금이나마 해내 볼 용기가 생길 수도 있겠지요.

이 책은 지난 20년 동안 제가 직접 다룬 해외 상표 사건들에 대한 이야기입니다. 누구나 겪는 있는 일은 아니지만, 상표 전문 변리사로서는 자주 마주하게 되는 일들입니다. 복잡한 법률이나 이론 같은 것은 최소한으로 하였습니다. 그보다는 어떤 일이 있었고 어떻게 해결했는지 또는 해결하지 못했는지에 대해 풀어보려고 했습니다.

첫 번째 챕터는 해외에 상표를 등록하면서 생겼던 문제들에 대해 다뤄보았습니다. 상표법이 비록 WTO TRIPs라는 국제 조약에 맞춰 전 세계적으로 비슷한 원리와 규칙을 가지고 있기는 하지만 세부적인 사항에서는 국가마다 모두 다르고, 어떤 나라는 상표법의 근본 원리부터 아예 우리와 다른 경우도 있습니다. 조약으로 만들어진 국제등록시스템이 뒷받침하지 못하는 한계도 분명히 있고요. 관건은 이런 한계를 분명히 인지하고 그 리스크를 감당하면서도 가능한 범위 내에서 생긴 문제를 해결해 나가는 것입니다. 그런 이야기들을 사례를 중심으로 한번 풀어보았습니다.

두 번째 챕터는 상표법의 큰 골치거리인 무단선점 상표를 어떻게 해결했었는지, 갑자기 사용금지요청을 받거나 이의신청이 들어왔을 때 어떻게 대응했었는지를 이야기해 보았습니다. 너무 다양한 유형이 있어 다 풀어내지는 못하고 평범하지 않았던 일이나 생각해 볼 만한 쟁점이 있었던 사건만 선별해보았습니다.

마지막 세 번째 챕터는 20년 동안 상표변리사로 일해오면서 품었던 의문과 고민을 작게 담아보았습니다. 법은 우리가 같이 만들어나가는 시스템이고 상표법 역시 완벽하지 않으니 앞으로 우리는 어디로 가야 할지에 대해 한번 생각해 보았습니다.

참고로 책에 표시된 브랜드는 변형한 것입니다. 내용도 사실에 기초하지만 일부 각색되었습니다.

이 책이 지구에서 우리 브랜드가 살아남는 데 작게나마 도움이 되기를 진심으로 바랍니다.

2024. 겨울.... 박소현

Chapter I
___
Do or do not

상표등록이 있는데도 먼저 사용한 상표가 있으면 효력이 없어진다고?

- 사용주의와 등록주의 -

2022년 겨울, 이제 갓 미국 시장에 진출한 MARIKIN사는 뜻밖의 연락을 받았습니다. 상표 사용 중지 요청이 들어온 것입니다. MARIKIN사는 이미 2년 전 미국에 상표를 등록했기 때문에 이런 요청은 전혀 예상하지 못한 것이었습니다. 상표 등록과 더불어 FDA 허가 받고 패키지 제작하고, 에이전트와의 총판 계약까지 긴 준비 끝에 이제 드디어 본격적으로 판매를 시작하려던 참이었으니, 이 소식은 정말 청천벽력과 같았습니다.

알아보니, 요청문을 보낸 미국상표권자는 MARIKIN사의 브랜드와 알파벳 하나 차이 나는 정말 유사한 상표인 MARKIN(중간에 알파벳 I가 없음)을 등록까지 완료하여 가지고 있었고, 그에 더해 2008년부터 온라인 유통 등을 통해 미국 전역에서 사용해 왔습니다. 비록 출원일만 보자면 MARIKIN사보다 6개월 정도 늦었지만, 실제 사용일은 한참 전인 2008년부터였습니다. 모음 한 자 차이만 나는 상표등록 2개가 어떻게 둘 다 등록될 수 있었는지 지금 생각해봐도 참 의문인데, 아무튼 그런 상황이었습니다.

미국상표권자의 제품은 에스테틱 전문 화장품이었는데 미국 여러 지역에 매장을 운영하고 있었고, 온라인에서도 제품을 판매해오고 있어 상표권의 효력을 다투기는 어려웠습니다. 미국은 등록 없이 사용한 것만으로도 상표를 사용한 지역에서는 상표권을 인정하므로 비록 MARIKIN사보다 6개월이나 늦은 후출원이었지만 그쪽이 우선한 미국 상표권자였습니다.

다각도로 검토해보았지만 결국 미국 상표권자의 요청을 수용할 수밖에 없다는 결론에 이르렀습니다. 대부분 어떻게든 뾰족한 수가 나게 마련인데, 이번 만은 어쩔 도리가 없더라고요.

하지만, 이미 상당량의 재고가 미국으로 들어갔고, 총판과 계약서까지 작성한 터라 MARIKIN사로써는 그대로 포기할 수는 없었습니다. 방법이 없나 궁리하며 좀 더 조사를 해보니 미국 상표권자의 제품은 한국을 포함한 다른 나라에서도 소규모로 유통되고 있었지만, 미국을 제외한 어느 국가에도 상표권이 없고, 오히려 MARIKIN사가 그 국가들에서는 상표권자인 것을 확인했습니다. 미국을 제외한 다른 국가에서는 미국 상표권자의 제품 유통이 오히려 MARIKIN사의 상표권을 침해하는 것이죠.

이에 "한국, 독일, UAE 등에서의 제품 유통에 대해 상표 침해를 묻지 않겠다"는 조건으로 "미국 내 사용에 대해서도 상호 합의하자"고 제안했습니다. 미국 상표권자가 제품을 미국 외에서도 수출할 생각이라면 합의해 볼 만한 조건이었죠. 그러나 미국 상표권자는 수 개월 동안 아무런 답변도 하지 않다가 MARIKIN사의 상표 등록에 대해 5년 불가쟁력이 생기기 직전 등록취소 신청을 청구했고, 결국 MARIKIN사의 미국 상표등록까지 모두 취소되어 버렸습니다.

명백히 등록 취소 사유가 있으니 더 이상 어떠한 법적 대응도 어려운데다 미국 상표권자가 일체 답변하지 않고 협상의 여지도 전혀 보이지 않으니, 결국 MARIKIN사는 미국에서는 브랜드를 변경하기로 결정하고, 이미 미국으로 보냈던 재고도 전량 회수했습니다.

다행히 본격적인 판매를 시작하기 전이라 4억 원 정도의 손해로 마무리될 수 있었는데요. 만약 MARIKIN사가 미국에서 상당한 매출을 올리고 있는 시점에 이런 일이 생겼다면, 수 년 간 애써 시장에 쌓아놓은 브랜드 명성을 다 포기하고 어쩌면 손해배상까지 했어야 할 수도 있었을 테니, 아쉽지만 빨리 철수 할 수 있어 오히려 다행이라 위안할 수밖에 없었습니다.

이렇게 MARIKIN사가 미국상표권자의 주장을 그대로 수용할 수밖에 없었던 이유는 미국상표권자가 2008년부터 미국 전역에서 상표를 실제로 사용해왔기 때문입니다.

미국은 대표적인 사용주의 국가로, 상표를 사용하기만 해도 상표권이 발생합니다. (보통법 Common law에 의한 상표권이라고 합니다) 미국상표권자는 2008년부터 미국의 여러 지역에 매장을 운영하면서 미국 전역에서 온라인으로 제품 유통도 해왔으니 그때 이미 미국 전역에서 상표권을 가지고 있었던 것이고, 2020년에 미국특허청에 상표를 등록한 것은 단지 상표권이 있다고 공시한 것에 불과합니다. 실제 상표권은 2008년에 발생한 것으로 보게 됩니다.

전 세계적으로 상표법의 기본 원칙에는 두 가지가 있습니다. 바로 '사용주의'와 '등록주의'입니다. 매우 간단하게 요약하자면, 사용주의는 상표를 사용하면 상표권이 생긴다는 것이고, 등록주의는 상표를 등록함으로써 상표권이 발생한다는 뜻입니다. 각각의 시스템은 고유한 장단점이 있기 때문에, 많은 나라가 이 두 가지 접근 방식을 혼합하여 상표법을 운영하고 있습니다.

사용주의는 실제 사용되는 상표만 보호하기 때문에, 사용되지 않는 상표가 등록되어 타인의 자유로운 사용을 제한할 가능성이 낮습니다. 그러나, 상표권이 누구에게 언제부터 있었는지 사전에 확인하기 어렵고, 분쟁이 발생할 경우 진정한 권리자를 확인하는 과정에서 시간과 비용이 많이 들 수 있습니다.

등록주의는 상표가 등록되기만 하면 보호를 받을 수 있기 때문에 제도 운영이 안정적이며, 분쟁을 사전에 막아 사회적 비용을 줄이는 장점이 있습니다. 그러나, 등록만으로 상표권을 보호하다 보면 상표라는 자원이 일부 기업에 독점될 위험이 있으며, 미등록 상태에서 이미 시장에서 인지도가 있는 상표는 보호받지 못할 수 있습니다.

대표적인 사용주의 국가로는 미국이 있습니다. 미국에서는 등록 없이 상표를 사용하기만 해도 상표를 사용한 지역에서는 상표권이 발생합니다. 연방상표법에 의한 상표등록 역시 사용자료를 첨부한 사용선언서 제출 없이는 원칙적으로 등록이 완료되지 않습니다. 또, 매 5년 및 갱신 때마다 사용선언서를 제출해야만 상표권이 유지됩니다.

등록주의를 기반으로 사용주의 요소를 적극 가미한 국가로는 유럽, 인도, 영국, 멕시코, 필리핀 등을 들 수 있는데, 유럽은 상표 유사 여부에 대한 분쟁이 발생했을 때 상표권자가 해당 상표를 실제로 사용했는지를 입증하도록 하고 있습니다. 인도는 등록유지를 위해 사용선언서를 매번 제출해야 하지는 않지만, 분쟁 과정에서 먼저 사용한 사실을 입증하여 인정받으면 최초사용일로부터 상표권이 인정됩니다. 멕시코는 등록 후 3년마다, 필리핀은 출원일로부터 3년, 등록 후에는 5년마다 사용선언을 해야 등록이 유지되고요.

MARIKIN사의 경우처럼 등록까지 잘 되어 있는 상표가 사후적으로 선사용상표와 유사하여 등록이 취소되고 사용하지 못하게 되는 경우는 극히 드문 경우입니다.

하지만, 세상에는 사용만 해도 상표권이 있는 것으로 보는 나라가 있다는 것은 기억해 둬야 합니다. 그러니, 상표DB뿐만 아니라 구글링도 열심히 해서 혹시라도 거르지 못한 유사 브랜드가 있지 않은지도 꼼꼼히 검토해야겠죠. 하지만 그렇게 하더라도 예상치 못한 변수는 항상 생기게 마련입니다. 상표가 등록되었다고 해서 100% 사용해도 된다고 안심할 수는 없습니다. 99%는 행정기관의 등록허여를 신뢰하되 항상 1% 정도는 여지는 남겨둬야 하더라고요.

상품 분류가 나라마다 다를 수 있다고?

상표등록시스템은 전 세계적으로 통일되어 가는 추세입니다. 마드리드조약에 의한 국제등록시스템의 기여가 가장 크죠. 조약에 가입한다는 것은 조약에 맞춰 자국 상표법도 국제 표준으로 개정해야 한다는 뜻이니까요.

마드리드 조약만큼이나 중요한 조약이 있습니다. 상품분류에 대한 니스조약입니다. 니스조약은 상품분류를 어떻게 나눌 것인가에 대한 것입니다. 현재 총 45개의 카테고리로 모든 상품과 서비스업을 분류했습니다. 하지만 세상은 끊임없이 변하고 새로운 상품과 서비스업도 매년 생기니 자주 개정됩니다. 메타버스의 가상 운동화나 시계이자 미니 컴퓨터인 스마트워치처럼 새로운 상품이 나오면 도대체 어느 분류에 넣어야 할지 큰 이슈가 되기도 합니다.

'상표가 중요하지 상품도 중요한가요?'라고 묻는 경우가 있습니다. 중요합니다. 권리범위를 정하는 문제이기 때문이죠.

상표권은 출원서에 기재한 상품에 대해서만 생깁니다. 만약 어떤 상품의 기재로는 그 상품의 성격이나 용도를 명확히 알 수 없을 때는 분류를 기준으로 판단합니다. 산업용인지 가정용인지, 플라스틱제인지 종이제인지 판단하게 되는 거죠. 그 판단에 따라 독점권의 범위가 달라질 수 있으니 생각보다 상품을 어떻게 지정하고 분류할지는 매우 중요한 문제입니다.

슈쉴드는 신발정리함이라는 아이템 하나로 큰 매출을 올리고 있는 회사입니다.

슈쉴드는 신발정리함에 넣을 제습제에도 브랜드를 붙여 판매하고 있는데요. 수출도 제법 하는 회사로 미국, 유럽, 중국, 일본 등 주요국 외에도 동남아와 러시아까지도 상표등록이 필요했습니다.

가정용 제습제는 국제분류상 3류에 속하고 미국, 중국, 유럽, 중국에서도 전부 3류로 분류하고 있습니다. 한편, 제습제는 1류에도 속해 있는데, 1류는 화학제, 공업용 또는 산업용 화학제에 대한 분류입니다. 이때에는 산업용 제습제, 공업용 제습제로 표시를 해야겠지요.

슈쉴드의 제품은 당연히 산업용이나 공업용이 아니니 3류의 가정용 제습제에 해당되었습니다. 이에 맞춰 국내에는 3류의 가정용 제습제 등을 지정하여 상표등록을 마쳤습니다. 이후에 이를 기초로 마드리드 국제상표등록 제도를 이용해 해외출원 하였습니다.

그런데 생각지도 못한 문제가 불거졌습니다. 일본을 포함 여러 나라에서 제습제를 3류로 분류하고 있지 않으며, 1류의 화학제로 분류하고 있다는 것이었습니다. 여러 나라에서 계속해서 상품분류가 잘못되었다는 통지서가 접수되었고, 산업용이 아니라 가정용이라고 주장해도 대부분의 국가에서 받아들여지지 않았습니다. 싱가포르에서는 현지대리인과 상의하여 3류로 분류하는 것이 타당하다는 의견서를 2번이나 제출했는데도 결국 분류가 잘못되었다는 이유로 등록이 거절되어 버렸습니다. 가정용이 아닌 산업용 제습제는 등록이 필요 없다는 슈얼드의 판단에 따라 더 대응하지 않고 등록을 대부분 포기하고 말았습니다.

조약에 의하면 모든 상품이 모든 조약 가입국에서 동일한 분류로 분류되어 있어야 하지만 현실은 그렇지 못한 경우가 많습니다. 니스조약에 의한 상품분류는 큰 카테고리만 정해줄 뿐, 상품 각각에 대한 분류와 성격 부여는 기본적으로 각 국가 특허청의 몫이니까요.

비단 상품 분류에 대해서만 각 국 특허청의 판단이 다른 것이 아닙니다. 상품기재가 명확한지 명확하지 않은지에 대한 판단도 국가마다 또 심사관마다 다릅니다. 미국 등 주요국에서는 소프트웨어의 경우 '부동산 중개서비스용 소프트웨어' 등으로 그 용도를 명확히 할 것을 요구합니다. '화장품'이나 '의류' 등의 포괄명칭을 허용하는 나라도 있지만, '크림, 로션, 스커트, 티셔츠' 등과 같이 매우 명확한 특정 상품으로 지정해야 한다는 나라도 많습니다.

국가별로 개별출원을 한다면 이런 문제가 없겠지만 국제등록을 이용하면 문제가 됩니다. 국제등록시스템은 하나의 출원서에 동일한 상표와 동일한 상품을 기재하여 여러 국가를 지정하여 동시에 출원합니다. 그래서 상품이나 분류를 변경하거나 추가하라는 요구가 자주 나옵니다. 국제등록으로 출원해서 한번에 지정국 전체에서 아무런 거절이유 없이 등록되면 참 좋겠지요. 하지만 그런 경우는 단 한 번도 없었습니다. 물론 그럼에도 불구하고 국제등록이 비용이나 관리 면에서 여전히 장점이 있지만요.

국제등록은 본국상표를 그대로 국가만 확장하는 개념입니다. 그래서 기초출원이 되는 상표와 상품을 잘 구성하는 것이 아주 중요한 일입니다. 예를 들어 국내상표등록이 한글과 영문이 결합되어 있는 형태인데, 실사용상표는 영문만인 경우 어떻게 해야 할까요? 이 경우 차라리 영문으로만 구성된 상표를 하나 더

출원해서 그 출원을 기초로 국제등록하는 편이 낫습니다. 실사용상표와 등록상표의 구성이 서로 다를 경우 많은 문제가 생길 수 있기 때문이죠. 미국과 같은 사용주의 국가에서는 사용선언을 할 수 없게 되어 등록이 취소되어버릴 수도 있고 유럽에서는 유사 상표출원에 대해 이의신청을 하려고 보니 등록상표를 그대로 사용하고 있지 않아 이의신청을 못할 수도 있습니다.

상품분류나 지정상품 역시 실제 사용 상품이 본국상표에 지정되어 있는지 면밀히 검토할 필요가 있습니다. 제품브랜드인데도 35류의 도소매업에 등록하거나, 부동산투자업이 업의 본질인데도 앱 이름이라고 36류가 아닌 9류의 소프트웨어만 지정한다면 반쪽짜리 권리가 되어 등록유지가 안 되거나, 실제 분쟁상황에서 상표권 행사가 안 될 수도 있으니 주의가 필요합니다.

권리범위는 넓을 수록 좋습니다. 하지만 분류가 늘어날 수록 그만큼 비용도 배가 되니, 적절한 수준에서 상품의 범위를 설정하는 것이 중요하죠. 이때 브랜드를 '어디에' 사용할지 보다는, 거꾸로 타인이 어떤 상품과 서비스업에 이 브랜드를 사용할 때 내 권리의 침해가 될 수 있을지를 생각하는 것이 더 맞습니다. 상표는 사용허락을 받는 것이 아니라 타인에 대한 독점권 설정에 목적이 있다는 것을 잊으면 안 됩니다.

어쨌든 바람직하게는 본국상표를 출원할 때 상표등록가능성과 향후 해외진출 예정인 국가와 해외상표출원 계획까지 다 고려해서 상표와 상품을 제대로 구성해야 합니다. 그렇게 해도 슈쉴드의 경우처럼 예기치 못한 상황이 생길 수도 있으니까요. 사전에 최선을 다하되 어떤 결과가 나오든 그에 맞게 대응할 수 밖에요.

마드리드조약의 실효성에 대한 합리적인 의구심

5년 전 즈음 일입니다. 오랜 거래처인 (주)마리딜스 대표님이 이란에서 미수금을 받기 위한 방안에 대해 상의를 해오셨습니다. 이란 거래처 한 곳에 미수금이 당시 기준 2억 정도 쌓여있는데, (객단가 2천원 정도의 제품이니 제법 큰 미수금이었죠) 갈 때마다 미수금 좀 처리해달라고 해도 곧 입금될 거라며 아무 문제없다고 해놓고 차일피일 미룬다는 것이었습니다. 그래서 궁리 끝에 이란 상표권이 있으니 제품을 계속 팔면 상표권 침해가 될 수 있다고 반협박(?)을 해볼까 싶어 이란 상표등록증 좀 달라고요.

그런데 (주)마리딜스는 국제등록으로 이란에 상표등록을 해둔 상태였습니다. 국제등록으로 진입하는 상표는 거의 대부분 국가에서 등록증을 따로 인쇄해 보내주지 않습니다. 대부분 등록허여통지서(Statement of grant of protection)만 국제사무국을 통해 발행하고 마는데요.

하지만 영어로 된 등록허여통지서는 미수금 처리용 압박 문서로 사용하기 어렵다는 판단에 이란대리인에 요청해서 이란어로 된 종이등록증을 받기로 했습니다.

국제상표등록으로 등록된 상표에 해당 국가 언어로 된 종이등록증을 발급 요청하는 일은 자주 있는 일입니다. 평소처럼 이란 협력사에 연락해서 '이런이런 상표가 국제등록으로 이란에 상표등록이 되어 있는데 종이로 된 등록증이 필요하다. 그러니 필요서류와 비용을 알려달라'고 문의를 했습니다. 그런데 이란대리인의 회신은 기대와는 전혀 달랐습니다.

이란대리인에 따르면, 국제상표의 경우 상표등록증을 받으려면 '효력화'(validation)라고 부르는 별도의 상표공고절차를 밟은 후 상표등록증 발급 신청을 해야 한다는 것이었습니다. 이미 상표권이 있는데 효력화를 한다는 것이 대체 어떤 의미일까요? 이란은 마드리드 조약 가입국가이고 조약에 의해 등록허여통지까지 완료된 상표에 또 어떤 절차를 밟아야 이란 내에서 상표권이 인정이 된다고 하니, 상식적으로 납득하기 어려운 상황이었습니다.

여러 번의 서신이 오고 간 끝에 알아낸 바에 의하면 이란은 사법시스템이 정치적 성향에 따라 두 개로 나뉘어 있다고 합니다. 특허청은 마드리드 조약에 우호적이어서 조약에 가입도 하고 조약에 따라 상표 심사 후 절차를 진행하고 있으나 사법기관인 법원은 마드리드 조약에 반대하는 입장*이어서 조약에 의한 상표권의 효력을 그대로 인정하지 않는다는 것입니다.

만약 이란에서 국제등록으로 등록된 상표권에 기해 상표권을 행사하고 싶다면 따로 이란 법원에 상표등록의 효력을 인정 받는 절차를 밟아야 하며, 그 신청을 위해 일간지에 상표소유사실을 선언하는 공보를 게재해야 한다고요.

---

* 상표등록시스템이 따로 없고 일간지에 상표소유선언서를 게재하면 상표권자가 되는 것으로 간주하는 식으로 상표등록을 갈음하는 국가가 있습니다.

그런데, 일간지 공보 게재가 그냥 이란에 상표를 개별 출원 하는 비용과 크게 차이 나지 않을 정도로 높더라고요. 국제등록으로 상표출원을 한 의미가 없어진 셈이죠. 다만, 국제등록일을 상표등록일로 인정은 해준다고 하니 절차나 비용으로는 사실상 새로 출원하는 것이나 마찬가지더라도 권리효력 기간만큼은 유지되어 그거 하나만큼은 다행이었습니다.

어쨌든 (주)마리딜스 대표님은 억울하긴 하지만 2억 미수금을 받아야 하는 상황이라 어쩔 수 없이 일간지에 상표소유선언 공보를 게재하고 법원에 상표등록효력화를 신청해서 등록증을 받아내었습니다.

그런데 이렇게 마드리드 조약이 제대로 효력을 발휘하지 못하고 있는 국가가 이란만 있는 것이 아닙니다. 2년 전쯤 브라질 변리사님과 이야기를 나눌 기회가 있었습니다.

브라질은 상표출원의 심사기간이 3~4년입니다. 그런데 마드리드 조약에 의하면 18개월 이내 심사결과를 통지하지 않으면 상표등록이 된 것으로 간주하도록 하고 있습니다. 18개월 이내 심사결과통지를 의무로 한 것이죠.

만약 그보다 심사결과 통지가 늦어질 것 같으면 18개월 이후에 심사결과가 통지된다고 따로 통지서를 발행해야 등록간주를 막을 수 있습니다. 그런데 브라질 특허청에서 일시적으로 심사가 빨라져서 18개월만에 1차 심사결과 통지가 나왔던 적이 잠시 있었다고 합니다. 그때 재빨리 마드리드 조약에 가입했다나요. 하지만 그 뒤 다시 점점 느려져서 원래대로 3~4년씩 걸리고 있다고 합니다.

문제는 브라질 특허청은 국제등록으로 진입하는 상표출원에 대해서는 아무런 통지도 하지 않고 있다는 겁니다. 18개월 이내 심사결과를 통지하는 일은 당연히 없고요. 국제등록상표들이 심사를 제대로 받지 못한 채 등록간주되고 있다는 거죠. 심사를 받은 적이 없으니 등록간주가 되었다고 해도 사후적으로 무효될 가능성도 높고요.

물론 브라질 특허청에서 국제등록에 대해 정말 아무런 통지도 하지 않는 것은 아닙니다. 브라질 변리사님의 말은 과장이 좀 섞여 있습니다. 등록결정통지도 오고 공고 후 등록취소신청이 접수되면 통지서가 오거든요.

하지만 어쨌든 출원 과정에서의 통지가 원활하지 않아서 출원공고통지나 이의신청 접수 통지가 오질 않으니 아무래도 적극적인 대응이 어려워집니다. 이렇게 되견 브라질에 상표등록이 있더라도 그 효력에 대한 신뢰가 낮을 수밖에 없고 그만큼 실제 브라질 시장에 진출했을 때 상표 리스크가 커지므로 기업으로서는 적극적으로 브라질에서 영업활동을 하기 어려워집니다.

다행이라면 다행으로, 브라질 특허청이 아무 일도 하지 않는 대신 브라질 변리사들이 열심히 일을 해서 클라이언트 브랜드나 유명 브랜드는 부지런히 사전 검토나 모니터링을 해서 등록무효 리스크를 줄이고 이의신청이나 등록취소신청을 통해 동일 유사상표가 등록되는 일을 막고 있기는 합니다. 하지만 큰 기업들이야 기꺼이 비용을 들여서라도 다양한 방법을 동원 하겠지만, 1~2개의 브랜드만 국제등록으로 등록해 놓고 브라질을 필두로 남미에서도 제품을 판매해보려는 중소기업 입장에서는 브라질 진출이 아무래도 망설여질 수밖에 없는 상황이 되어버립니다. 그 모든 리스크가 결국 다 비용이 되니까요.

이런 식으로 국제등록으로 출원했을 때 중동이나 남미, 베트남, 태국 등 동남아 일부 국가에서는 개별출원에 비해 특히 기간의 면에서 불이익이 있는 경우가 종종 있습니다.

심사결과가 개별출원보다 너무 늦게 나오거나 심사결과를 통지 받고 의견서를 제출했는데 그 사후 처리가 오랫동안 되지 않거나 하는 등입니다. 그래서 만약 등록이 꼭 확보되어야 하는 매우 중요한 국가가 있다면 마드리드 국제상표등록 대신 개별출원으로 진행하는 것이 나을 수도 있습니다.

하지만, 그럼에도 불구하고 국제등록시스템은 여전히 비용과 관리 면에서 큰 메리트가 있습니다. 어느 경우든 정답은 없습니다. 기업의 상황과 시장의 우선순위, 국가별 상표등록가능성 등을 골고루 살펴보고 그때그때 최적의 방안을 결정해보는 수밖에 없습니다.

국제등록의 기초출원이
갖은 노력에도 거절되어 버렸을 때

마드리드 조약에 의한 국제상표등록은 수출기업이 매우 선호하는 제도입니다. 한번의 출원서로 여러 국가에 동시에 출원할 수 있기 때문입니다. 2개 국가만 되어도 국가별로 개별 출원하는 것보다 비용이 크게 줄어들고 갱신이나 양도도 국제등록만 관리해주면 되므로 개별 출원보다 훨씬 간편하고 쉽습니다.

하지만 국제등록시스템은 태생적으로 큰 단점이 있습니다. 기본 개념이 본국상표를 그대로 국가만 확장하는 거라, 기초가 되는 본국상표가 거절되거나 무효되면 국제등록 전체가 소멸합니다. 이런 경우를 대비해서 국내등록전환(transformation) 제도가 마련되어 있기는 하지만 그 전환비용이 개별출원해서 등록받는 것보다 더 드니 국제등록의 가장 큰 장점이 없어지는 것이죠.

이를 대비해서 국내출원을 할 때 우선심사를 신청해서 바로 심사결과를 받고, 출원공고 후 우선권주장을 하면서 국제등록을 진행하는 등 다양한 방법을 사용합니다. 그래서 실무적으로는 본국 상표가 거절되거나 무효가 되는 바람에 국제등록 전부가 소멸하는 일은 거의 없는데요. 딱 한 번, 메이크업 화장품 전문 브랜드였던 필더셀이 이런 일을 겪는 것을 본 적이 있습니다.

필더셀의 신규 메이크업 브랜드는 문자 자체로는 식별력이 낮을 것 같아, 국내에서는 단어 사이의 띄어쓰기를 없애고 약간의 도안을 결합하여 등록을 받았습니다. 하지만 실제 사용 상표는 3개 단어가 도안 없이 띄어쓰기 되어 있는 심플한 형태였는데요.

새 브랜드를 출시하자마자 동남아와 중동에서 반응이 좋아 해외출원이 바로 필요한 상황이었는데, 실제 사용상표가 등록상표와 다르니 바이어 측에서 문제를 삼은 모양이었습니다. 실사용상표를 출원하되, 식별력 부족의 거절이유가 나올 가능성이 있으니 국내출원은 우선심사를 신청해서 공고되는 대로 국제출원을 하고, 해외출원이 급한 국가들은 국제출원이 아니라 따로 개별출원을 하자는 가이드를 드렸습니다.

식별력 부족의 판단은 국가마다 심사경향이 다르니 어떤 나라에서는 순조롭게 등록이 될 것이고, 만약 어떤 나라에서는 식별력 부족으로 거절이유가 나온다면 그것은 그때 가서 의견서를 제출하든 재출원을 하든 각개 대응을 하는 것이 낫겠다고요. 어느 경우든 국내 출원이 공고될 때까지 기다리거나 아니면 국제등록이 아닌 개별출원이 나은 상황이었습니다.

하지만 당장 제품에 관심을 보이는 바이어들과 계약을 하려면 상표출원은 바로 필요했고 (상표등록 아니면 출원이라도 요구하는 바이어들이 많습니다) 비용을 조금이라도 아끼자면 국제등록을 하는 것이 최선이라고 판단한 필더셀은 영어가 가능한 자체 인력을 동원해서 국내출원과 동시에 국제등록출원을 직접

국제등록의 기초출원이 갖은 노력에도 거절되어 버렸을 때

진행한 모양이었습니다.

2년 정도 뒤였나 한참 시간이 흐른 뒤에 필더셀에서 아주 오랜만에 연락이 왔습니다. 국내출원은 거절결정불복심판까지 했는데 최종적으로 거절결정이 되고 말았고, 2년 사이에 국제상표로 출원했던 일부 국가에서는 등록이 되고 일부는 거절이 되었는데, 기초출원이 최종 거절되었으니 등록 완료된 국가에서의 상표권 마저 모두 소멸하게 되었다며 방법이 없겠냐는 것이었습니다. 매뉴얼에서만 보던 국내등록전환을 해야 하는 상황이었던 거죠.

국제등록제도의 시스템적인 한계상 기초출원이 소멸하면 국제등록 전체가 소멸합니다. 내버려두면 국제등록으로 등록된 각 국가의 필더셀 상표는 모두 소멸될 것입니다.

하지만, 심사를 거쳐 멀쩡히 잘 등록되어 사용 중인 상표가 제도적 한계로 인해 등록이 취소된다면 상표권자의 이익보호에도 반할 뿐 아니라 그보다 더 중요한 '소비자 보호'라는 상표법의 더 큰 목적에도 반하게 됩니다. 만약 타인이 그 상표를 보유하고 제품까지 생산하게 된다면 오히려 시장에 큰 혼란을 초래하게 되는 것이죠.

그래서 이렇게 국제등록제도의 특수성으로 기초출원이 소멸되어 국제등록이 전부 소멸해버리는 경우를 대비해 국내등록전환제도를 운영합니다. 기초출원이 거절되더라도 기초출원을 토대로 등록까지 완료된 국제상표는 국내등록으로 전환하는 신청을 하면 등록을 그대로 유지해주겠다는 것입니다.

2년 동안 필더셀 국제등록은 식별력을 인정한 국가에서는 등록이 허여되고, 인정하지 않은 국가에서는 거절되었습니다. 아직 심사 중이어서 결과가 나오지 않는 국가도 있었고요. 2년 동안 해외에서도 꽤 매출을 올리고 있던 필더셀은 등록까지 완료된 국가에서는 국내등록전환을 이용해 등록을 유지하는 한편, 식별력 부족으로 등록이 거절된 국가에서는 띄어쓰기도 없애고 심볼로고도 결합해서 재출원해서 어떻게든 등록을 확보해보기로 했습니다.

다만, 국내등록전환은 생각보다 비용이 무척 비싸더군요. 신규

국제등록의 기초출원이 갖은 노력에도 거절되어 버렸을 때

로 출원하는 경우보다 높으면 높았지 결코 낮지 않았습니다. 특허청료 자체가 높아서 어떻게 조정도 어렵더라고요.

비용과 시간만 보자면 필더셀은 크게 손해를 본 셈이었습니다. 하지만 실사용상표를 그대로 등록하는 것이 좋으므로, 상표권의 면에서 보자면 일부 국가에서라도 실사용 상표 그대로 등록 받았으니 필더셀의 선택도 나쁘지는 않았다고 생각은 됩니다. 그래도, 역시 국제등록은 국내상표출원이 공고 정도는 된 후 진행해야 한다는 것을 다시 한번 다짐하게 된 일이었습니다.

해외상표 검색 어디까지 해야 할까

세상엔 정말 많은 브랜드들이 있죠. 지구인이라면 누구나 알만한 글로벌 거대 브랜드도 수백개는 되겠지만 별의별 규모의 수천 수만개의 브랜드들이 각 국가마다 엄청나게 많이 등록되어 있습니다. 게다가 상표나 상품 유사에 대한 판단도 큰 기준만 비슷할 뿐 실제 실무에서는 국가마다 심사관마다 심지어 때마다 다르니, 동일상표라면 모를까 유사상표까지 전부 거르기는 물리적으로도 현실적으로도 불가능합니다.

그러니 해외상표 전에 사전 검색을 엄청 꼼꼼히 해서 출원 후 거절될 가능성이 아예 없는 브랜드로 상표를 정해야겠다거나 모든 리스크를 사전에 다 없애고 진행해야겠다는 생각은 망상에 가깝습니다.

세계 어느 국가에서도 거절이유 한번 받지 않고 그대로 등록되는 상표라면 세상에 아예 없던 새로운 단어거나 엄청나게 어려운 조어일 것입니다. 그런 상표는 등록가능성이 높으므로 등록비용은 줄일 수 있을 것입니다. 하지만 브랜드로서 가치가 있을지, 그 상표로 제대로 마케팅을 할 수가 있을지는 생각해볼 일입니다.

20년 동안 단 한번의 거절이유도 통지 받지 않고 그대로 지정국 전부에서 등록된 상표는 딱 하나 있었는데, 세상에 없던 조어상표로 지정상품도 딱 하나만 지정해서 국제상표등록 출원한 경우였습니다. 칫솔 브랜드였는데, 지정상품은 칫솔 딱 하나만 지정했고, 상표도 구글링과 상표검색을 열심히 해서 의성어로 새로 만들어낸 것이었죠.

하지만 결과적으로 그 브랜드는 잘 되지 못했습니다. 브랜드가 실패하는 데에는 경영상의 문제점이나 기술문제, CS나 AS 등의 관리 문제 등 많은 문제점들이 있을 수 있겠으나, 개인적으로는 너무 어려운 제품 네이밍도 실패의 큰 이유 중 하나이지 않을까 생각하고 있습니다. 어려운 네이밍은 마케팅 비용이 많이 듭니다. 소비자들의 뇌리에 기억시키기가 어려우니 그만큼 노출을 많이 시켜야 하니까요.

상품을 딱 하나 지정한 것도 아쉬운 점이었는데, 이것저것 상품을 지정하다보면 상품명칭에 대해 보정요구가 나오는 경우가 많고 그 만큼 비용이 계속 늘어나게 되니 극단적으로 딱 하나의 상품만 넣은 것인데요. 하지만 처음에는 칫솔만 생산하더라도 브랜드가 잘 되면 치약이나 치실 등 연관상품으로 점점 제품군이 확장될 가능성이 크지요. 그때마다 매번 상표등록을 추가하는 것보다 한번 출원할 때 최대한 다양한 상품을 지정해서 권리를 넓게 설정해두는 것이 장기적으로는 훨씬 이익입니다. 보정비용 수십만 원을 아끼는 것보다 최대한 넓게 상표권을 확보해두는 것이 더 중요한 일이니까요.

어찌되었든 그 회사는 세상에 없는 조어상표로 딱 한 개 상품만 지정해서 국제등록하는 방법을 선택했고 상표비용만큼은 확실히 줄였으니 그것도 전략이라면 전략이겠습니다.

기업의 바람은 다 똑같습니다. 쉽고 직관적이어서 사람들의 뇌리에 잘 기억되어 마케팅 비용이 적은 좋은 브랜드면서도 동시에 상표등록가능성은 높아서 전 세계 어디에서나 쉽게 등록되기를 바랍니다. 상품도 미래 계획까지 다 고려해서 최대한 넓게 지정하되 보정명령 같은 거 없이 그대로 등록되는 것을 바라지요.

하지만 단언컨대 그런 경우는 없습니다. 쉽고 직관적인 상표는 독점성(식별력)이 약해 거절 가능성이 높습니다. 또 세계는 넓고 문화는 다양해서 생각지도 못한 거절이유를 받는 경우도 허다합니다. 발음이 부적절한 언어와 비슷하다며 거절되기도 하고 생전 들어보지도 못한 흔한 성이라며 거절된 경우도 있었습니다. 열심히 구글링하고 현지인에 확인해도 다 거르지 못합니다. 상품의 유사나 명확성 역시 국가마다 정책적으로 문화적으로 상황적으로 다르게 판단합니다. 본국상표와 동일한 상표오 상품 그대로 전 세계 조약 가입국에 상표등록을 받는다는 국지

등록시스템은 어쩌면 환상에 불과할지도 모릅니다.

그러면 현실적으로 어디까지 준비하고 어느 정도까지 각오를 해야 하는 걸까요?

정답이 없고 기업마다 상황이 너무 달라 정할 수는 없는 일이지만 그래도 대략적인 가이드를 해본다면, 꼭 상표등록이 있어야 하는 주요 국가만 대략적으로 등록가능성을 검토하고 그 외 나라에서는 완전히 동일하거나 너무 유사한 상표만 없다면 일단 부딪혀보면 어떤가 하는 생각입니다. 그 동안 수많은 다양한 사건들이 있었지만 아무것도 할 수 없이 포기해야만 했던 경우는 그렇게 많지는 않으니까요.

이제 막 시작한 스타트업이 해외상표를 처음 출원하는 경우라면 우리 기업들이 주로 상표를 등록하는 미국, 일본, 유럽, 중국 정도만 검토하고 출원하면 충분하지 않나 싶습니다. 그 이후는 그 브랜드가 실제로 매출을 잘 일으켜서 다른 시장에도 진출할 기회가 생겼을 때 시도해도 늦지 않습니다. 상표법만 보자면 국내 출원 후 6개월 이내 우선권주장을 하면서 전 세계에 국제등록을 하는 편이 좋겠지만 해외상표등록비용이 생각보다 적지 않습니다. 스타트업에게는 큰 부담이 됩니다. 해외상표등록할 비용으로 마케팅을 좀 더 하는 것이 나을 수 있습니다.

어느 정도 회사 규모가 있고 기존에 수출해 온 브랜드가 여러 개 있는 회사에서 신규 브랜드를 런칭하면서 해외상표를 준비하는 경우라면, 한국에서는 반드시 등록을 확보하고 기존 주요 수출국가들 위주로 상표등록가능성을 검토하고 진행하면 됩니다. 이때에도 전부 등록가능한 상표를 찾기는 쉽지 않을 것입니다. 너무 동일한 상표만 없다면 시도해 보는 것도 좋습니다. 그 외 나머지 국가들은 브랜드가 잘 되면 그때 가서 고민해도 늦지 않습니다. 상표등록이 있으면 좋겠지만 없다고 해서 제품을 아예 판매할 수 없는 경우는 드무니까요.

만약 글로벌 대기업이라면 어떻게 해야 할까요? 자본과 인력이 충분한 대기업은 전혀 다른 층위에서 상표등록을 바라볼 필요가 있습니다.

ELE사는 에너지와 관련된 모든 일을 하는 글로벌 대기업으로,

발전소에서 사용할 디지털 트윈(현실세계의 기계나 장비, 사물 등을 컴퓨터 속 가상세계에 구현한 것) 관리 솔루션 브랜드를 새로 런칭하려고 하고 있었습니다. 미국과 유럽, 일본이 가장 중요한 마켓플레이스고 러시아와 동남아, 남미, 아프리카에까지 판매가 가능하다고 판단하고 있었습니다. 대충 기존 인력이 영업 가능한 국가만 꼽아봐도 122개국에 달했으나 솔루션인만큼 발전소 디지털화가 필수이므로 이를 감당할 수 있는 국가는 현실적으로 25개국 정도로 계산하고 있었습니다.

이런 경우는 122개국 전부보다는 실제로 수출이 가능한 25개국에 상표등록가능성을 사전 검토하되, 그 중 주요 시장이 될 미국, 유럽, 일본은 최우선으로 반드시 등록 받고 나머지 국가들은 국제등록을 이용해서 한번에 출원하고 거절이유가 나오면 각개 대응하는 방법으로 진행하는 것이 현실적입니다.

각 국가 심사결과를 받아보고 식별력이 부족하다고 하면 로고를 결합하거나 구성을 달리한 상표로 재출원을 하면 되고, 선등록 유사상표가 있다면 불사용 등록취소심판을 해보거나 의견서를 제출해볼 수도 있습니다. 공존동의제를 이용해서 선권리자와 합의하여 등록을 확보할 수도 있죠. 사실, 미국, 유럽, 일본에서 등록을 전부 확보하는 것만도 어려운 일이니까요.

하지만 ELE사는 브랜드컨설팅회사에서 제안받은 최종 3개 네이밍 중 식별력이 부족해서 가장 등록 가능성이 떨어지고 선행 유사상표가 있어 가장 핵심인 3개 국가에서조차 등록이 어려울 수도 있는 상표로 최종 결정하였습니다.

왜일까요?
애플이 아이폰, 아이패드, 아이팟 등 시리즈를 막대한 상표비용을 치르면서까지 밀고 나가는 이유를 생각해보면 됩니다. 중요한 것은 브랜드지 상표등록이 아닙니다.

ELE사처럼 막대한 자본을 가진 글로벌대기업은 일단 브랜드를 개시하면 짧은 시간 내에 순식간에 전 세계에서 주지성을 확보할 수 있습니다. 식별력 부족 우려는 어쩌면 각 국 특허청에서 상표심사를 착수하기도 전에 이미 해결될 수도 있습니다. 또 선등록 동일상표 권리자와 합의하여 상표를 양수받거나 글로벌 상표공존동의를 할 수 있는 여력도 충분하죠. 물론 ELE사의 글로벌 저명성에 비추어보면 그 대가가 결코 적지는 않겠지만 이 브랜드가 성공적으로 런칭되어 실제로 매출로 이어졌을 때 단 한 건의 계약만으로도 그 대가는 충분히 상쇄하고도 남을 테니, 결정된 브랜드가 더 많은 매출로 이어질 수 있다면 그게 맞습니다.

다만, 리스크가 워낙 큰 상태 그대로 출원을 할 수는 없어서 저명상표인 ELE사의 CI를 결합하고 상품도 'MDT를 이용한 발전소 자동화 관리 솔루션' 등으로 그 용도와 내용을 매우 한정해서 출원하기로 했습니다.

철저한 사전 조사로 전략을 세워 상표등록 과정에서의 리스크는 줄이되 브랜드는 더 가치 있는 것으로 정한 것이죠.

아직 시작도 안 했는데 너무 앞서서 계산하고 모든 리스크를 사전에 대비하려는 기업들을 자주 만납니다. 대부분 아직 사업을 시작하기도 전이거나 국내는 좀 되었고 이제 해외진출을 하려는데 걱정이 많은 경우입니다.

어느 정도의 리스크 헷지는 필수입니다. 주요 수출 예정 국가에서는 당연히 선행상표 조사를 해야 하고 피할 수 있다면 최대한 피하는 것이 맞습니다. 하지만 그 다음은 나중에 생각하는 것도 좋습니다. 모든 국가에서 아무 일도 없기를 바라는 것은 욕심입니다. 어떻게든 방법이 찾아집니다. 상표는 상표일 뿐 중요한 것은 브랜드고 매출이 아닐까요.

남들은 얼마나 많은 국가에 상표등록을 하나요

상표는 선착순이고, 한국 브랜드는 해외에서 모방상표가 생기는 일이 많으니 조심해야 한다는 말을 많이 들어 보셨을 겁니다. 유명 대기업도 무단선점 상표를 무효로 하느라 5년이나 걸렸다고도 하고, 상하이 패션위크에 한 번 출품했을 뿐인데 바이어와 계약하려고 보니 그 사이 모르는 자가 상표출원을 해버려서 결국 계약을 못하게 된 경우도 있다고 합니다.

상표법의 근본 원리인 속지주의와 선등록주의 때문에 발생하는 무단선점 모방출원의 문제는 우리나라 수출기업이라면 적어도

한 번은 꼭 겪게 되는 일입니다.

그래서 국내상표와 더불어 처음부터 해외상표도 같이 검토하고 출원도 해두려는 경우가 많습니다. 적당한 수준의 해외출원을 새 브랜드 런칭과 동시에 진행하는 것은 여러모로 바람직한 일입니다. 등록이 분쟁을 예방하는 가장 저비용의 수단이니까요.

하지만 어느 정도가 적당한 수준의 사전 준비일까요? 남들은 어느 정도로 미리 준비를 해놓고 브랜드를 전개해 나가는 걸까요? 정답도 없고 기업의 상황에 따라 판단과 결정이 달라져야 하는 것이겠지만 오랫동안 많은 기업들의 결정을 지켜보면서 나름대로 세운 어느 정도의 가이드가 있습니다.

이미 수출을 하고 있는 기업이고 새 브랜드가 런칭 되는 대로 기존 네트워크를 통해 바로 제품 판매를 개시할 수 있는 경우라면 쉽습니다. 기존 네트워크가 있는 모든 국가에 출원하면 됩니다. 국제등록시스템을 이용하면 동시에 여러 국가를 출원할 수 있고 비용도 크게 절감할 수 있습니다.

현대자동차 3차 벤더사인 K사는 신규 브랜드가 런칭 될 때마다 현대자동차가 수출하는 모든 국가에 상표등록을 합니다. 상표에 이슈가 생겨서 제품 공급에 문제가 생기면 자사 뿐만 아니라 원청인 현대자동차 자체가 문제가 되니, 브랜드가 정해지면 되든 안 되든 무조건 현대자동차가 공급되는 국가에 일단 출원을 하는 것입니다. 그 이후에 생기는 문제는 생길 때마다 해결하면 되니까요.

하지만 너무 많이 등록이 거절되면 곤란하니 한국을 비롯한 주요 국가들, 미국, 유럽, 일본, 중국, 러시아, 인도, 브라질 등 현대자동차가 가장 많이 팔리는 국가들에는 등록가능성을 사전에 검토해서 어느 정도 등록가능한 상표로 국제등록시스템을 적극적으로 이용해 출원합니다.

연 매출 1500억의 중견 화장품 브랜드인 솔루스킨스는 2017년 중국 수출을 시작으로 5년 사이에 브랜드를 크게 키운 경우입니다. 첫 브랜드였던 메인 브랜드는 회사를 키워가면서 현실적으로 수출 계약이 성사될 때마다 하나하나 국가를 늘려 나가면서 상표를 등록했습니다. 일본, 중국을 시작으로 미국, 유럽, 베트남, 싱가포르를 추가했고, 중앙아시아, 러시아, 인도, 남미, 아프리카 등 대륙별로 상표등록을 했었죠. 솔루스킨스에서 적극적으로 상표등록을 한 경우도 있었지만 에이전트에서 먼저 상표등록을 요구하는 경우도 많았습니다. 간혹 총판 계약을 하는 국가에서는 상표 명의 문제로 총판 에이전트와 다툼이 있는 경우도 있었지만 어떻게든 한국 본사에서 모든 상표권을 등록하고 관리할 수 있도록 했고요.

하지만 두번째 브랜드를 출시할 때는 국제등록을 이용해서 바로 한번에 41개국을 지정해서 출원했습니다. 거기에 마드리드 조약 미가입국이었던 10개 국가 정도는 따로 개별출원을 하였습니다. 이미 확보된 네트워크를 통해 신제품 홍보를 할 수 있는 만큼 상표등록이 필요하다면 이제는 망설일 필요 없이 등록이 필요한 국가 전부에 바로 등록을 진행하면 되었던 것이죠. 물론 이때에도 주요 수출국가에는 등록이 가능한 네이밍의 브랜드로 진행해야 할 것이고 그것을 위한 사전 작업은 필수입니다.

이제 막 브랜드를 런칭한 스타트업이라면 어떨까요? 결론적으로 지금 당장 한국에서의 사업 성공도 확실치 않은데 미리 너무 많은 해외상표출원을 서두를 필요는 없다는 생각입니다. 이론적으로는 상표는 선등록주의니 자금이 허락하는 한 최대한 많은 국가에 등록을 해두면 좋기는 하겠지만 수출하게 될지 아닐지도 모르는 데 미리 너무 많은 비용을 들일 필요는 없으니까요.

한 해에 생기는 스타트업의 70%가 1년 안에, 90%가 3년 안에 사업을 접습니다. 제품 수출은 포부만큼 쉽지 않습니다. 품목마다 국가별로 받아야 할 허가와 신고가 있고 좋은 현지 에이전트도 만나야 하고 제품이 그 나라에서 잘 풀리는 운도 따라줘야 하는 일입니다. 무엇보다 그 전에 세계적으로 까다롭기로 유명한 한국 시장에서 우선 살아남아야 하고요.

상표는 특허나 디자인처럼 신규성을 요구하지는 않습니다. 등록을 좀 미뤄도 당장 큰일이 생기지는 않죠. 우선은 한국에 상표등록을 반드시 확보 하고, 그 이후에 국제등록시스템을 이용해서 주요 국가에 우선 출원한 다음, 나머지는 차차 사업이 성장해 나가면서 등록해도 나쁘지 않습니다. 무단선점 모방상표출원이 생길 우려가 있으니 이것이 100점짜리 정답은 아닙니다만, 현실을 고려한다면 80점 정도의 답은 되지 않을까 싶습니다.

어떤 국가를 주요 국가로 판단할 것인가는 아이템마다 다를 수 있습니다. 우리 기업의 주요 수출국가를 참조해보면 가장 크게는 미국과 중국이 있고, 일본, 유럽, 러시아, 베트남 정도가 됩니다. 80%의 기업들이 국내와 함께 미국, 중국, 일본, 유럽 4개국의 등록가능성을 검토합니다. 국내출원 후 우선심사신청을 통해 빠른 심사결과를 받은 후 6개월 이내 우선권주장을 하면서 국제등록시스템으로 이들 국가에 출원합니다. 그 사이 실제로 제품을 출시해서 국내를 시작으로 시장반응을 보면서 브랜드가 잘 된다면 국가를 점점 늘려 나갑니다.

미리 모든 것을 준비하고 시작하려고 하지 마십시오. 주요 수출 예상 국가만 준비하고 일단 국내 시장에서 살아남으십시오. 그 다음은 사업이 커나가는 것을 보고 천천히 해도 늦지 않습니다.

35류 등록 꼭 필요한가

상품분류에 관한 니스조약에 따라 상품과 서비스업은 총 45개의 카테고리로 나뉘어져 있습니다. 니스조약은 거의 모든 나라에서 채택하고 있어 전 세계적으로 상품서비스업에 관한 큰 분류는 동일하다고 봐도 무방합니다. 물론 구체적인 상품의 내용과 용도에 따라 같은 상품이라도 각 국가 특허청마다 분류를 다르게 보는 예외적인 경우도 없진 않지만요.

그 중 35류는 광고업, 사업관리업, 직업소개업 등과 함께 유통업이 속해있는 분류인데요. 예를 들어, 의류 도매업, 화장품 소매업, 문구 판매대행업, 인터넷종합쇼핑몰업, 백화점업 등이 35류에 속합니다.

그런데, 이 유통업이 문제입니다. 제품의 판매가 도매업이나 소매업이라고 생각해서 제품 브랜드인데도 불구하고 35류의 소매업으로 등록하는 경우가 자주 있습니다. 화장품 브랜드인데 3류의 화장품이 아니라 35류의 화장품 소매업으로 등록하는 거죠.

하지만 35류의 소매업, 도매업은 기본적으로 유통업에 속합니다. 유통이란 타 브랜드 제품을 판매 중개만 하는 업을 말합니다. 예를 들면, 쿠팡이나 아마존 같은 브랜드가 유통브랜드죠. 화해 같이 화장품 유통을 전문으로 하는 경우라면 화장품 소매업이 정확한 상품이겠고요.

만약 패션브랜드를 등록하고 싶었던 거라면 35류가 아니라 25류의 의류나 18류의 가방에 상표등록을 해야합니다.

제품에 브랜드를 붙여서 판매도 하는데 35류 소매업으로 등록해야하는 것이 아닌가 하는 의문이 들 수 있습니다. 하지만 상표란 상품의 판매에 있어 내 상품과 타 상품을 구별하기 위해 사용하는 표지이므로, 상표를 제품에 부착한다는 것은 기본적으로 판매를 내포하고 있습니다. 판매는 상표의 당연한 기본적인 사용입니다. 화장품 브랜드면 3류의 화장품에 상표를 등록하고, 의류 브랜드면 25류의 의류에 상표를 등록하면 충분합니다.

그런데, 의류와 의류 소매업은 당연히 견련성이 매우 높은 상품과 서비스업이니, 서로 다른 사람이 같은 상표를 하나는 의류에 하나는 의류 소매업에 등록신청을 했다면 둘 중 하나는 등록이 거절되어야 할 것입니다. 의류 브랜드는 언제든지 타 의류 브랜드를 유통할 수 있을 것이고 실제로 많은 의류 전문 쇼핑몰들이 제품을 직접 만들어서 판매도 하니까요.

그래서 대부분의 국가에서는 의류를 지정한 상표가 출원되었는데 의류 소매업을 지정한 동일한 상표가 이미 등록되어 있다면, 의류 지정 상표출원의 등록을 거절합니다. 유사하므로 둘 다 등록되면 시장에 혼동이 생길 수 있다고 보는 거죠. 하지만 어떤 국가에서는 상품과 서비스업 간에는 유사를 판단하지 않습니다. 의류와 의류 소매업을 비유사로 보는 거죠.

4년 전쯤 오래된 한국 화장품 브랜드 포허에서 중국 바이어가 35류와 38류 상표등록을 요구하는데 '그렇게 상표등록을 하는 것이 맞냐?'는 문의를 해오셨습니다. 바이어 왈, "3류는 화장품에 상표를 표시하는 거고, 제품을 판매하려면 35류 등록이 있어야 하고, 온라인몰에 입점하고 틱톡 같은 영상 플랫폼에서 판매하려면 38류의 방송업에도 등록이 있어야 한다"고 했다는 겁니다. 중국에서는 도매업이나 소매업이라는 서비스업을 인정하지 않으므로 35류에 화장품 소매업을 등록할 수도 없는데도 말이죠.

「35류는 상품전시업(광고대행업에 해당)이고 38류는 방송업으로, 상표가 표시된 화장품을 판매하거나 판매를 위해 전시·홍보하는 일은 가장 기본적인 상표사용행위여서 3류에 상표등록이 있으면 그것으로 충분하지 35류나 38류의 등록이 필수는 아니다」라는 의견서까지 써서 드렸지만 바이어의 강경한 요구에 포허는 결국 35류와 38류에 상표출원을 해버렸습니다. 등록이 많아서 나쁠 것은 없고 당장 바이어가 상표출원을 안 하면 제품유통을 포기할 기세였으니까요.

메드셀은 CIS국가에서 널리 알려진 화장품 브랜드였습니다. 당연히 러시아를 비롯해서 카자흐스탄, 우즈베키스탄, 몽골, 키르기스스탄 등에 3류 화장품을 지정하여 상표등록도 모두 가지고 있었습니다. 러시아에서는 큰 유통사와 협업하여 거의 전 매출의 절반에 달하는 상당량의 제품을 수출하고 있었고요.

그런데, 아무런 관계도 없는 러시아 회사가 35류의 화장품 소매업에 동일한 상표를 덜컥 출원해버린 것입니다. 러시아 유통사에서는 당장 이 문제를 해결하기를 요구했습니다. 상표문제는 본사에서 책임지라는 거죠. 3류 상표등록이 있어 그 상표와 유사하다는 것을 이유로 하는 이의신청을 제기하였습니다.

하지만 이의신청은 기각되어 타사의 35류 출원이 등록되어버렸습니다. 등록 후에 다시 한번 등록무효심판을 제기하였지만, 결국 화장품과 화장품 소매업은 그 속성상 유사로 볼 수 없다는 이유로 심판청구는 기각되었고 35류에는 타사가 상표권자가 되었습니다. 메드셀 입장에서는 상표를 사용하지 못하게 된 것도 아니므로 더 많은 매출을 내면 된다는 판단으로 더 이상 다투는 것은 포기했고요.

그러자, 35류의 상표권자는 다른 국가에서 메드셀 제품을 대량 구매해서 러시아에서 판매하기 시작했습니다. 사실 메드셀 입장에서는 35류 상표권자가 가품을 제조해서 유통하는 것도 아니고 다른 루트를 통해서 정품을 구입해 러시아에서 판매하는 것이니 손해를 볼 것은 없었습니다. 가격 차이야 있겠지만 어쨌든 35류 상표권자가 유통하는 제품도 메드셀에서 구매한 것이니까요.

하지만, 5년 독점 계약을 한 총판 에이전트는 입장이 달랐죠. 독점 유통을 전제로 본사로부터 판권을 산 것인데 35류 등록을 뺏겨서 오히려 그쪽이 정당한 권리를 가진 권리자가 되고 자신은 어쩌면 상표 침해를 하고 있는 것일지도 모르니까요(물론 상표 침해는 아닙니다. 총판은 유통업의 브랜드로 메드셀을 사용하고 있는 것이 아니니까요. 이를테면 총판의 상호가 유통브랜드가 되는 것이고 그 유통브랜드에서 취급하는 제품 중 하나가 메드셀일 뿐입니다).

이렇게 되면 본사로서는 총판에 유리하게 계약을 하는 수밖에 도리가 없습니다. 더 낮은 가격에 기간을 늘려 독점 계약을 해줄 수 밖에요. 독점 계약서도 정식으로 작성하고 러시아에서는 본사를 대신해서 어느 정도 권리행사까지 가능하도록 허락까지 해주었습니다.

나중에 들으니 35류 상표권자로부터 총판 계약을 자신과 하자는 제안도 받았었다고 합니다. 하지만 이미 장기간 독점 계약을 한 에이전트가 있었으니 그럴 수는 없었고요.

이 일을 겪은 후 메드셀은 기존 3류 화장품에 상표등록을 한 모든 국가에 35류의 화장품 소매업이나 유통업을 지정하여 상표등록을 하기 시작했습니다. 52개국에 상표등록을 해둔 터라 적지 않은 비용이 들었지만 상표등록비용이 아무리 커봐야 얼마나 들겠습니까. 35류에 등록을 뺏겨서 잃을 수 있는 매출을 생각하면 훨씬 적은 비용이었습니다.

원칙적으로 화장품 브랜드라면 3류의 상표등록만으로도 충분히 권리를 지킬 수 있습니다. 유통업을 하는 것이 아니라 제조판매를 하는 것이니 3류 등록이 더 정확하고, 화장품과 화장품 소매업은 유사이니 설사 화장품 소매업을 지정한 동일상표가 출원되더라도 그 등록이 거절되어야 하며, 타인이 소매업에 동일 상표를 사용한다면 상표권 행사가 가능해야 합니다.

하지만 현실적으로는 많은 국가에서 그렇지가 못합니다. 중국에서처럼 당장 담당자의 이해부족 문제가 있을 수 있고, 러시아에서처럼 화장품과 화장품 소매업이 비유사라고 판단될 수도 있습니다.

35류 등록이 꼭 필요한 것은 아닙니다. 제품브랜드라면 제품 상표가 훨씬 중요하고 반드시 가져야 할 등록입니다. 하지만 많은 국가에 제품이 수출되고 있고, 여유도 있다면 35류 상표등록을 해두는 것도 나쁘지 않습니다. 분쟁이 생겼을 때 치뤄야 하는 기회비용을 생각한다면 등록이야말로 가장 저비용의 고효율을 가진 무기니까요.

같은 이유로 관련 상품에는 가능하면 최대한 상표등록을 해두는 것이 좋습니다. 화장품 브랜드라면 44류의 미용업이나 5류의 약제, 21류의 화장도구들, 10류의 미용기기들에 등록을 해두는 것이 모방등록이 생겨 해결하는 것보다 훨씬 낫겠죠. 의류 브랜드라면 25류를 기본으로 9류의 선글라스, 14류의 악세사리, 18류의 가방에도 등록하는 편이 좋겠고, 식당업이라면 43류와 더불어 35류의 프랜차이즈 사업관리업이나 29류, 30류의 가공식품에도 등록이 있으면 좋습니다. 건강기능식품이라면 5류에만 등록하지 말고 29류, 30류의 가공식품과 32류의 음료에도 등록을 고려해보는 것이 좋습니다. 흔히 건강기능식품으로 판매되지만 사실은 일반식품인 제품이 많기 때문입니다.

상표는 독점권 확보에 목적이 있는 권리이니 내가 사용할 상품에 권리확보를 한다기 보다는 타인이 사용하면 내 영업에 방해가 될 상품에 상표등록을 하는 것이 맞습니다. 상표등록은 울타리를 세우는 일이라고 누군가 말하더라고요. 울타리는 넓을수록 좋은 법이겠죠.

꼭 브랜드만
등록 해야 하는 것은 아니다.

제품의 브랜드로 기능할 수 있는 것은 문자나 로고만이 아닙니다. 캐릭터나 포장의 색상, 일러스트, 사진, 디자인도 브랜드가 될 수 있습니다. 소비자들에게 자타상품 구별의 표지로 사용될 수 있다면 용기의 모양이나 소리, 냄새도 상표가 될 수 있습니다. 무엇이든 내 상품과 타인의 상품을 구별해줄 수 있다면 상표이고 브랜드입니다.

청감사는 70년 전통의 식품 회사로 쿠키, 사탕, 젤리 등을 제조 판매하는 기업이었습니다. 그런데 식품 브랜드 특성상 '커피엔

쿠키', '과즙듬뿍' 자두사탕 등 제품을 그대로 설명하는 네이밍을 브랜드로 사용하는 경우가 많았습니다. 대신 포장 상단 한쪽에 CI를 표시해서 제조원이 농심이나 오리온이 아니라 청감사 제품이라고 표시하였습니다. 제품명은 식별력이 부족하니, 자연히 CI가 상표로 기능했고요.

청감사는 설립한지 70년이나 되었기 때문에 국내에서는 널리 알려져 있는 기업이었고, CI도 여러 번 변경되었지만 그때마다 상표등록을 했기 때문에 국내에서는 큰 문제가 없었습니다.

다만, 청감사는 해외 여러 나라에 CI에 대한 상표등록을 완료했지만 중국에서는 등록을 받지 못했습니다.

사실 청감사에서 중국에 상표등록을 시도한 것은 벌써 2003년 무렵으로, 당시 다수의 선등록상표가 있어 등록이 거절 되었습니다. 하지만, 예비적으로 출원을 한 것일 뿐 당시에는 실제로 중국에서 제품을 판매하지는 않았었기 때문에 더 이상 다른 방법을 찾아보지는 않고 등록을 포기했었습니다.

꼭 브랜드만 등록 해야 하는 것은 아니다.

그런데, 세월이 흘러 2015년 정도 되자 갑자기 중국에서 한국 제품이 너무 판매가 잘 되기 시작하면서 청감사 제품도 매출이 확 늘기 시작했습니다. 그리고 가품이 나오기 시작했죠.

문제는 가품 생산 업체가 청감사의 CI를 디자인까지 거의 그대로 모방한 상표출원을 했고, 그것이 등록까지 되어버린 것입니다. 논리적으로 2003년 청감사의 출원처럼 다수 선등록상표를 이유로 거절되었어야 하는 상표출원이었습니다. 하지만 어떤 이유인지는 알 수 없지만 등록이 된 것입니다(중국의 상표심사는 일관성 없기로 유명하기도 합니다). 청감사가 적극적으로 상표등록을 하지 않고 방치하는 사이에 모방업체가 상표권자가 되고, 청감사의 제품이 중국에서는 오히려 상표권 침해품이 되어버린 것이죠.

모방상표권자가 실제로 가품까지 생산해서 판매하고 있어 양도협상이나 등록취소심판은 성사 가능성이 매우 낮았습니다. 등록무효심판 외에는 다른 방법이 없었는데요. 하지만 당시 중국 특허심판 경향을 고려했을 때는 이 정도의 도안 일치로는 심판 성공을 장담하기 어려웠습니다. 영문 2글자를 약간 디자인한 정도에 불과했고 유사 디자인의 상표등록이 이미 많았거든요. 청감사가 중국에서 매출을 올리면 올릴 수록 손해배상의 리스크도 점점 더 커지게 되니 바로 눈 앞에 큰 매출을 올릴 기회가 있는데도 적극적으로 영업할 수 없게 된 거죠.

심판이든 협상이든 코트라나 한국지식재산보호원의 도움을 받아 할 수 있는 법적인 절차는 모두 해보기로 했습니다. 그러나 당장의 상표사용을 보장받기 위해서 빠르게 뭐라도 등록을 확보할 수 있는 다양한 방안을 검토하였습니다. 궁리 끝에 포장지의 일러스트 자체를 등록하기로 했습니다. 문제가 되고 있는 CI와 어차피 보호가 안 될 성분이나 원산지 표시 등 부기적인 부분은 제외하고 포장디자인 전부를 그대로 상표로 등록하는 것입니다. 식별력 없는 한글상표까지 포함해서요. 또한 일러스트인 점을 고려해서 저작권으로도 등록하기로 했습니다.

'커피엔쿠키' 제품은 가로로 길게 쿠키그림이 그려져 있고 오른쪽 하단에 김이 피어 오르고 있는 커피잔이 그려져 있었는데 그 전체를 상표와 저작권으로 등록했습니다. '과즙듬뿍 자두사탕'은 자두 일러스트와 사탕그림이 포장지 전면 가득히 그려져 있

꼭 브랜드만 등록 해야 하는 것은 아니다.

고, 한쪽에 캐릭터가 있었는데 이 경우는 포장지 전면 일러스트도 상표와 저작권 모두 등록하되 캐릭터는 따로 또 저작권과 상표권으로 등록했습니다.

식품 제품 특성상 포장지에 제품을 설명하는 일러스트가 그려진 경우가 많고, 가품이 나온다면 상표 뿐만 아니라 포장지까지 그대로 베껴서 생산하는 경우가 많으니 그것을 이용하기로 한 것입니다. 일러스트나 캐릭터는 권리범위는 좁지만 등록가능성은 매우 높으므로 적어도 포장지를 거의 그대로 베껴서 나오는 가품은 상표권이나 저작권으로 막을 수 있을 것이라는 계산이었습니다. 특히, 저작권의 경우 서류만 갖춰서 내면 심사 없이 2달 안에 등록이 나오므로 신속한 권리확보가 가능해서 중국에서는 매우 효율적인 권리행사 수단이 됩니다.

식품업계에서는 식별력이 약하거나 아예 없어서 상표로 등록하기 어려운 네이밍을 제품브랜드로 채택하는 경우가 많습니다. 브랜드 관여도가 낮고 일상에서 쉽게 자주 구매하는 제품이라 소비자들이 편의점이나 마트에서 제품 이름만을 보고 직관적으로 어떤 제품인지 바로 파악하고 구매하도록 브랜드 네이밍을 하는 것입니다.

하지만 이런 상표들은 등록은 어렵습니다. '100%수박주스바', '바나나는 원래 하얗다', '순한 녹차', '오트밀 밀크'는 맛있어 보이는 제품 네이밍이기는 하지만 제품의 내용을 그대로 표시하는 표장입니다. 이런 것들을 특정인이 독점하게 되면 공익상 부당하고 누구나 사용할 수 있어야 한다는 것이 상표법의 시각입니다.

그래서 대부분 CI를 포장지에 꼭 표시하고 CI의 상표등록으로 만족하는 경우가 많은데요. 국내에서만이라면 그래도 업계 상도의가 있어 타사 제품과 비슷한 컨셉으로는 제품을 만들어도 포장지나 제품이름을 대놓고 베끼지는 않으니 그걸로 충분할 수도 있습니다. 하지만 해외에서는 다릅니다.

식품은 제조에 큰 기술력이 필요한 것도 아니고 해외 소비자들은 제품의 실제 출처가 한국이 아니어도 민감하게 따지지 않을 테니까요. 한국제품인 것처럼 한글을 표시하거나 포장지를 비슷하게 만들어서 혼동을 주는 경우도 자주 있습니다.

꼭 브랜드만 등록 해야 하는 것은 아니다.

그렇다면 꼭 브랜드만 등록할 필요는 없을 것입니다. 포장지 디자인이든 일러스트든 사용하는 캐릭터가 있다면 그것도 포함해서 모든 시각적인 요소들은 상표로 등록하는 것을 고려해볼 수 있습니다.

단일 제품으로 전세계에서 연간 1조원에 가까운 매출을 올리고 있는 한 라면 브랜드도 많은 나라에서 식별력이 부족한 상표 때문에 등록이 어려워 골치를 썩고 있지만 포장지 디자인과 캐릭터 등록으로 어떻게든 가품 생산에 대해서는 대처하며 버티고 있다고 합니다.

저명 인삼 브랜드 K사 역시 동종업자들이 비슷한 포장디자인에 다른 상표를 붙여 판매하며 소비자들에게 혼동을 주자, 전 제품의 포장디자인을 전부 상표로 등록해서 유사한 디자인을 포장에 사용하지 못하게 했고 한 업체와는 포장디자인이 의장이 아니라 상표로 사용한 것인지와 상표로써 유사한지 여부에 대해 대법원까지 가서 다투어 결국 승소한 사례도 있습니다.

시각적인 것 외에도 제품의 모양도 상표등록이 가능해서 코카

콜라 병이라던지 하리보 곰 젤리의 곰모양도 상표로 충분히 등록 가능합니다. 흔하지는 않지만 냄새나 소리, 색채 등 무엇이든 자타상품 식별을 가능하게 해주는 것이면 상표이고 등록을 시도해볼 수 있습니다.

상표는 유사범위까지 권리행사가 가능하고 출처 혼동 방지에 법의 목적이 있기 때문에 디자인적으로는 유사하지 않더라도 출처에 혼동 우려가 있다면 상표침해가 될 수 있습니다. 디자인등록처럼 신규할 것을 요구하지도 않으니 등록기간에 제한이 있는 것도 아니죠. 등록할 수만 있다면 므엇이든 상표로 등록하는 것이 가장 강력한 권리를 확보하는 방겁입니다.

꼭 브랜드만 등록 해야 하는 것은 아니다.

# 상품 한정으로 거절이유 회피하기

한국, 중국, 일본은 상품의 유사 여부에 대해 '유사군코드'라는 내부 기준을 이용하여 심사합니다. 세상 모든 상품의 유사 여부를 일일이 판단하기 어려우니 모든 상품에 코드를 부여해서 코드가 같으면 유사한 상품으로 판단하는 거죠. 심사편의를 위한 것입니다.

그래서 우리나라의 경우 분류가 다른데도 유사군코드가 같아 유사로 판단하는 상품들이 있습니다. 대표적으로 애완동물 제품의 경우 세정제, 식품, 가구 등이 각각 3류, 30류, 20류 등 코두 다른 분류에 분류되어 있지만 전부 G1817의 같은 유사군코드가 부여되어 서로 유사한 상품으로 봅니다. 이런 경우는 분류가 달라도 유사군코드가 같아 상품이 유사하므로 이들 상품을 지정한 동일하거나 유사한 상표는 등록이 안 됩니다.

심판이나 소송에서의 상품 유사는 실제 거래에서 소비자들의 인식, 생산자나 소비자의 중첩 여부를 두고 구체적으로 판단하게 되어 있습니다. 그러나 심사 단계에서는 유사군코드가 같은 상품이 서로 비유사하다고 인정받기는 왠만해서는 어렵습니다. 특히 중국의 경우는 일단 유사군코드가 같은 상품이 선등록에 포함되어 있으면 아무리 실제 상품과 업종이 달라도 극복 불가입니다.

하지만 한중일 3개국을 제외한 나머지 국가에서는 유사군코드를 이용하지 않고 상품 유사를 실제적, 현실적인 혼동가능성을 두고 고려합니다. 특히 상품의 포괄명칭을 허용하지 않는 미국이나 캐나다 등에서는 상품의 용도나 형태에 대해 구체적으로 기술하도록 하고 선등록상표와 출원상표의 상품들도 개별적으로 면밀히 살핍니다.

물론 덕분에 의류와 섬유가 유사하다고 판단한다던가 주얼리와 의류를 유사로 판단하는 일이 있습니다만, 나름대로 시장 조사를 통해 근거를 가지고 유사로 판단하고, 상표가 얼마나 유사한지도 고려하기 때문에 납득되는 면이 없지 않습니다.

상표의 유사란 결국 양 상표가 공존하게 되었을 때 소비자들에게 출처에 대한 오인·혼동을 일으킬 수 있는가를 판단하는 것이니까요. 유사까지는 아니고 견련성 있는 정도의 상품이더라도 상표가 워낙 유사하다면 충분히 혼동을 불러일으킬 수도 있을 것입니다.

그런데, 이렇게 상품의 유사를 구체적, 현실적으로 판단하는 덕분에 동종상품에 동일하거나 상당히 유사한 상표가 이미 선등록 되어 있더라도 이를 피해서 등록을 시도해볼 만한 여지가 생길 수 있습니다.

펫미래는 애완동물의 코주름의 패턴을 AI로 분석하여 각 애완동물의 개체를 구분하는 기술을 가진 기업으로 주력상품은 당연히 소프트웨어였습니다. 소프트웨어를 핵심으로 보험업, 수

의업 등 애완동물을 식별할 필요가 있는 서비스업에까지 영역을 확장할 계획을 가지고 있었습니다. 다만 국내보다는 애완동물 시장이 워낙 크고 발달되어 있는 미국에서 서비스를 런칭할 생각이어서 한국보다는 미국에 상표등록이 더 절실했습니다.

문제는 선등록 조사 과정에서 9류 소프트웨어에 펫미래의 메인 브랜드와 상당히 유사한 선등록상표가 발견된 것입니다. 표장 자체는 형태적으로나 발음상으로나 매우 유사해서 이를 다투기를 어려워 보였습니다. 하지만 미국기업에서 투자를 받기로 한 터라 미국상표등록을 더 이상 미룰 수 없었던 펫미래는 미국상표출원을 강행해야 하는 상황이었습니다. 등록가능성이 낮더라도 시도라도 해봐야 했죠.

그런데 자세히 보니 선등록의 지정상품은 같은 소프트웨어기는 하지만 '애완동물 위치추적용 스마트폰 애플리케이션'으로 '애완동물 개체 식별용 프로그램'인 펫미래와는 구체적인 내용이 달랐습니다. 또한 펫미래의 제품은 보험사나 수의과용 차트 프로그램 제공업체 등을 겨냥한 B2B 소프트웨어였지만, 선등록의 상품은 대개 일반 소비자들을 대상으로 한 것이었고요.

이 점에 착안해 펫미래의 미국출원은 소프트웨어의 용도와 내용을 한정해서 진행하기로 하였습니다. "애완동물용 보험에서 사용되는 애완동물 코주름을 이용한 애완동물 개체 식별용 AI 소프트웨어, 수의과용 차트 프로그램에서 사용되는 애완동물 코주름을 이용한 애완동물 개체 식별용 AI 소프트웨어" 이렇게 딱 2개만 지정해서 출원하기로 한 거죠.

이렇게 용도와 기술내용까지 한정하는 상품설명은 권리가 그만큼 좁아지게 되어 보통은 거의 사용하지 않지만 이 경우는 너무 유사한 선등록상표의 존재를 알고 있어서 등록가능성을 조금이라도 높이기 위해 상품을 매우 좁게 한정해본 것입니다. 비록 권리범위는 매우 좁아졌습니다만 결과적으로 거절이유통지 한 번 없이 바로 등록되었으니 성공한 셈입니다. 사실 펫미래로서는 그 정도의 상표등록만으로도 미국에 상표를 등록하는 목적을 충분히 달성했으니까요.

펠레의 경우도 같은 소프트웨어인데 기술 내용과 용도를 한정해서 선등록상표들을 회피하고 바로 등록 받았습니다.

펠레는 프랑스인의 흔한 이름이어서 유사 선등록이 많을 수밖에 없는 상표였고, 조사 결과 9류 소프트웨어에도 최소한 3개의 유사상표가 있었습니다. 하지만 펠레는 '산업용 공장 자동화 관리 프로그램'이라는 매우 특수한 용도의 프로그램을 만드는 기업이었기 때문에 마찬가지로 프로그램의 용도와 기술을 한정해서 상품을 지정했고 선행 유사상표를 회피하여 등록할 수 있었습니다.

모든 국가에서 이런 방법이 통하는 것은 아니지만, 반드시 등록해야 하는 상표라면 상품의 용도와 내용을 매우 좁게 한정해서 선등록과의 비유사를 주장하는 방법도 있다는 것을 기억하세요.

갖은 노력에도 결국
상표등록을 확보할 수 없을 때
- 상표변형 -

그레이트는 유통기반 제조사입니다. 건강 및 위생과 관련된 다양한 제품을 그때그때 트렌드에 맞춰 기획해 OEM이나 ODM으로 빠르게 대량 제조·판매하는 합니다. 실패할 때도 있었지만 대부분 성공해 왔고요. 몇 년 전 한국 화장품이 중국에서 한참 잘 나갈 때 그레이트 역시 그 트렌드에 맞추어 기초화장품을 기획해서 제조·판매를 시작했습니다.

화장품사업은 새로운 도전이라 브랜드도 컨설팅회사에 맡겨서 정하고 대표 제품인 녹는 하이드로겔 마스크팩의 기술특허도

구매했습니다. 내수 시장보다는 중국 시장을 노리고 있었기 때문에 중국에서는 큰 비용을 들여서 마케팅도 공격적으로 했죠. 당시 중국에서 한국 화장품의 위상이 대단했기 때문에 그레이트 역시 큰 성과는 아니었어도 빠르게 기대한만큼의 수익을 냈습니다.

그레이트는 이에 멈추지 않고 일본과 미국, 유럽에도 진출을 계획했습니다. 한국 화장품이 몇 년 안에 거기서도 인정받을 수 있을 거라는 확신을 어느 정도는 하고 있었습니다. 그레이트는 구강세정제나 위생용 물티슈 등을 일본의 편의점이나 대형 할인마트에 이미 납품하고 있었습니다. 그 유통망을 이용하면 일본 진출도 어렵지 않을 것이고, 중국은 이미 수익을 내고 있으니, 미국과 유럽에서는 상표권만 미리 확보를 해놓고 나중에 기회가 왔을 때 진출한다는 생각이었습니다.

국내에서는 선등록 유사상표가 있어서 의견서를 내고 심사관 면담까지 하느라 권리를 확보하는 데 약간 어려움을 겪긴 했습니다. 하지만, 결국 어떻게든 등록을 확보했고 이를 기초로 국제상표등록 제도를 이용해서 미국, 유럽, 일본, 중국에 상표출

갖은 노력에도 결국 상표등록을 확보할 수 없을 때

원도 마쳤습니다. 상표 없이 제품을 수출하는 것은 알몸으로 전쟁터에 나가는 것과 마찬가지니까요.

하지만 한 가지 걱정이 있었습니다. 국내에서 유사로 지적되었던 선등록상표가 미국에 소재한 화장품 전문 기업이었는데, 국내만이 아니라 본국인 미국과 중국, 유럽에도 모두 상표등록을 해둔 터라, 혹시라도 이 상표가 해외에서도 유사로 지적되지 않을까 하는 것이었습니다. 그러나 선등록상표는 프랑스의 소도시를 가리키는 뜻이 명확한 단어이므로 유사로는 판단되지 않을 것으로 기대해보기로 했습니다. 우리나라에서도 결국 관념상의 비유사가 인정되어 최종 등록이 되었거든요. 기대대로 여러 나라에서 속속 심사를 통과해 출원공고 되었습니다.

그런데, 뜻밖에도 유사로 지적될까 걱정했던 선등록 상표의 권리자인 미국 소재 화장품 기업이 그레이트의 유럽 상표출원에 이의신청 예고 통지를 제출한 것입니다. 이어서 미국에서는 이의신청 기간 연장을 신청했고요.

한국에서도 간신히 등록된 상표가 미국, 유럽에서 이의신청이 접수된 것입니다. 정작 중요한 시장인 일본과 중국에서는 아직 심사결과가 통지되지도 않았는데, 심사를 통과하더라도 미국기업이 이들에 대해서도 이의신청을 신청할 가능성이 높아 보였습니다.

우선, 미국과 유럽에서는 이의신청에 대응하지 않고 출원을 포기하기로 하였습니다. 미국과 유럽은 아직 시장 진출 가능성 자체가 불투명한데다 이의신청이 소송에 준하는 절차로 진행되어 최소한 2년 이상 걸리고 비용도 적지 않게 들어가니까요. 우선은 포기하고 정말 상표가 필요해지는 시점이 오면 그때 다시 생각하는 것으로요.

몇 개월 뒤 일본과 중국에서도 심사결과가 통지되었습니다. 다행히 일본에서는 거절이유 지적 없이 바로 출원공고 되었습니다. 미국기업은 일본상표출원에 대해서는 이의신청을 하지 않아 그대로 등록되었습니다. 그레이트에게는 일본에 이미 유통망이 있어 바로 시장 진입이 가능한 상태였기 때문에 일본 상표등록은 정말 기쁜 일이었습니다.

문제는 중국이었습니다. 중국은 그레이트에서 가장 야심차게 준비한 시장이고 이미 제품이 국내에서보다도 훨씬 많이 팔리고 있는 상태였기 때문에 상표등록이 매우 중요한 상황이었습니다.

그런데 중국에서는 미국기업의 이의신청이 있기도 전에 심사관이 미국기업의 선등록상표 뿐 아니라 그 밖의 다른 상표들과 유사하다고 거절결정을 해버렸습니다. 중국은 거절이유가 있으면 의견 제출 기회를 주지 않고 바로 거절하기 때문에 이에 대해 의견을 제출하려면 복심신청을 해야 합니다. 상표 비유사 주장의 복심신청은 거의 인정되는 경우가 없으니 난감한 상황이 되었습니다.

사실 중국에서는 미국기업이 제품을 판매하고 있지는 않았습니다. 불사용 등록취소심판도 생각해 볼 수 있었죠. 문제는 유사로 지적된 상표가 미국기업의 상표 외에도 4개나 더 있었기 때문에 복심이나 선등록에 대한 취소심판 등 여러 수를 써도 결국은 등록을 확보하지 못할 가능성이 컸습니다.

그레이트 내부에서는 생소한 화장품 사업에 뛰어들어 국내 상표등록 확보도 쉽지 않았는데 여기저기서 이의신청이 들어오고 상표가 거절되니 브랜드를 변경하거나 사업을 아예 접어야 하는 것이 아니냐는 말까지 나왔습니다. 브랜드를 정해준 컨설팅 업체에 대한 성토도 나오고요.

하지만 이미 매출을 올리고 있는 상황에서 브랜드를 변경하는 것은 불가능한 일입니다. 마케팅을 처음부터 다시 해야 하는 것과 마찬가지니까요. 특히 화장품과 같이 시장진입장벽이 낮고 기술이랄게 없어 오직 브랜드와 마케팅만으로 수익을 내야 하는 경우에는 브랜드를 변경한다는 것은 그동안의 투자를 전부 무로 돌리는 것과 다를 게 없습니다.

궁리 끝에 그레이트는 회사 상호의 약어 2글자를 상표에 결합해서 6글자의 상표로 변경해서 다시 등록을 도전해보기로 했습니다.

이의신청이나 심판 등의 복잡한 절차를 통해서도 성공을 보장할 수 없는 원 상표의 등록을 계속 꾀하기보다는 허용 가능한 범위 내에서 상표를 변형하는 것으로요. 어떻게든 등록을 받을 수만 있다면 등록상표의 동일성 범위 내에서만 상표를 사용하면 되니 앞으로 나올 제품의 패키지를 좀 변경하는 방법을 택한 것입니다. 미국기업에서 그 상표에까지 이의신청 등을 하지는 않을 것으로 판단했습니다.

국내에서는 원 브랜드에 대한 등록이 이미 있는 상태였으니 변형상표 역시 등록가능성이 높으므로 바로 출원을 했고 우선심사도 함께 신청했습니다. 예상대로 유사상표가 있는 경우라 1개월도 안 되어 출원공고가 되었고 이를 기초로 국제등록으로 일본, 유럽, 중국, 미국을 지정하여 다시 출원하였습니다. 결과적으로 그 상표는 아무런 거절이유도 이의신청도 없이 현재까지 유효하게 권리가 유지되고 있습니다.

디벨롭사의 경우는 중국에서만 유독 상표등록이 확보가 안 되어 애먹은 경우입니다. 다른 나라에서도 순조롭게 등록을 받은 것은 아니고, 의견서를 내거나 심판청구를 하거나, 그것도 안 되어서 로고를 결합해서 재출원하는 등 온갖 방법을 동원하기는 했습니다. 그런데, 유독 중국에서는 온갖 방법을 다 써도 등록을 확보하기가 어려웠는데요.

동일한 상표에 대해 선권리자가 있었는데 선권리자가 중국에서 열 손가락 안에 드는 큰 화학바이오 기업이었고 상표도 이미 사용하고 있는 경우여서, 등록취소심판청구를 했지만 상표권자가 사용자료를 제출해서 청구 기각되었고, 양도 협상이라도 해보려고 했지만 상표권자가 워낙 큰 기업인데다 이미 사용하고 있다며 양도도 거절해서 쓸 수 있는 카드를 모두 썼지만 결국 상표등록을 갖지 못했습니다.

그래서 대안으로 같은 발음의 중문 상표를 3개 정도 출원해서 등록 받고, 서브 브랜드를 메인 브랜드와 띄어쓰기 없이 결합해서도 등록 받았습니다. 그 중 서브 브랜드를 결합한 상표로 어떻게 온라인몰 쪽으로는 입점해서 제품도 판매하고 있고요.

꿩이 등록되면 좋겠지만 갖은 수를 써도 안 되니 닭으로 등록한 셈입니다. 닭만으로도 어느 정도의 상표권의 지위는 확보한 셈이라 그것도 좋은 대안이 될 수 있습니다.

하지만, 결국 정말 제대로 영업하기 위해서는 브랜드 그 자체로의 상표가 있어야 하니 무슨 방법이 없을까 포기하지 못하고 아직도 궁리 중입니다. 그 사이 선상표권자가 사업을 접을 수도 있고 상표권이 존속기간만료로 소멸할 수도 있죠. 불사용 등록취소심판을 한번 더 시도해보는 방법도 있을 수 있고, 사용 가능하면서도 선등록과는 비유사해서 등록이 가능한 기가 막힌 상표가 생각날 수도 있을 겁니다. 포기하지 않고 계속 생각하다 보면 결국 어떤 방법이 생기기도 하니까요. 요즘도 가끔 디벨롭을 생각하면서 뭐 좋은 방법이 없을까 곰곰히 생각해보곤 합니다. 뭔가 방법이 있을 것만 같은데 말이죠.

너무 많은 국가에서 상표등록이 거절될 때
- 상표변형 2 -

브랜드와 상표등록의 절묘한 균형을 맞추는 일은 재밌으면서도 정말 어려운 일입니다. 등록가능할 정도의 식별력은 있으면서도 그 뜻과 의미를 암시하거나 연상시켜서 소비자들에게 쉽게 기억시킬 수 있는 브랜드가 목표인데, 이런 브랜드를 네이밍하기는 쉽지 않죠. 쓰기 좋은 브랜드는 등록이 어려운 경우가 많습니다.

때로는 브랜드 컨셉이 너무 확실해서 상표등록가능성이 낮은데도 그냥 무조건 진행해야 하는 경우가 있습니다. 코레아사가 그런 경우였습니다.

코레아사는 매출 2천억 정도의 중견기업으로 화장품, 세제 등을 수입유통도 하고 직접 제조도 해서 수출도 하는 회사였습니다. 새로 런칭한 브랜드 '더에센셜'은 화장품의 주성분만 담은 에센스를 세트로 제공해서 소비자들이 직접 그날 그날의 컨디션에 맞춰서 원하는 기능의 에센스를 혼합하여 사용하는 제품이었습니다. 그 컨셉에 맞춰서 브랜드가 정해졌고요.

하지만 주요부가 동일한 유사상표가 국내 뿐만 아니라 주요 수출 예정 국가에도 있었고 상표 자체가 제품 내용을 설명하므로 식별력이 약한 문제도 있었습니다. 국내에서는 띄어쓰기를 없애거나 도안을 결합하는 등 식별력 부족을 보충하고 선행상표와 비유사로 보이도록 할 만한 방법들이 있었습니다.

반면, 해외에서는 국가마다 유사판단기준에 차이가 있으므로 상표를 변형하더라도 선행상표와 유사로 판단할 경우가 많을 것 같았고, 특히 베트남이나 태국과 같이 식별력에 민감한 국가에서는 식별력 부족으로 인해 거절될 가능성도 높아 보였습니다. 여러 이유로 등록 가능성이 낮아 보인다며 브랜드 변경도 권해보았으나 코레아사는 원 브랜드 그대로 진행하기로 결정하였습니다. 브랜드 사전 공개에서 국너에서는 물론 해외 바이어들 사이에서도 반응이 너무 좋아 변경하기가 어려웠던 것입니다.

대신 국내에서는 4가지 버전으로 상표등록을 시도해보기로 했고 그 중 3개는 등록되었습니다. 우선심사를 신청해서 3개 상표가 출원공고 되자마자 3개 모두 국제등록으로 기존 수출 국가 전부를 지정해서 출원했고, 조약 미가입국에서는 실사용상표와 가장 가까운 상표를 출원했습니다. 우선 출원해서 타인 무단선점을 막고 등록에 대해서는 이슈가 생길 때마다 해결하기로 했습니다.

그런데 생각보다 너무 많은 국가에서 상표들이 거절되기 시작했습니다. 처음에는 의견서도 내고 선행상표에 대해 취소심판도 시도하는 등 여러 방법으로 대응했으나, 거절되는 국가가 등록되는 국가보다 많아지자 브랜드 등록 자체 비용이 너무 커져서 감당하기 어려운 수준이 되어버렸습니다.

주요 수출국인 미국과 일본에서만 반드시 상표등록을 확보하고, 나머지 국가에서는 등록이 되면 유지하고, 거절되면 대응하지 않고 포기하기로 했습니다.

하지만 해외에서의 상표등록은 단지 타인에 대한 독점권 발생의 문제가 아닙니다. 상표에 대한 이슈가 생기면 판매 자체가 어려워질 수 있다는 사실을 경험 많은 바이어나 에이전트라면 누구나 알고 있습니다. 그래서 규모가 큰 독점 계약이라면 반드시 상표등록을 요구합니다. 계약 직전에 상표등록이 없다는 문제로 계약을 거절 당하는 일이 생기기 시작했습니다. 어떤 형태의 등록이든 등록증을 내밀어야 제품 수출이 가능한 상황이었습니다.

코레아사는 장고 끝에 원 제품의 패키지를 변경해서 패키지 디자인에 3종의 심볼로고를 인쇄하고 그 심볼로고를 상표로 등록하기로 했습니다. 패키지의 심볼디자인이 실제로 상표로써 권리행사가 가능할지 여부는 나중 문제고, 일단 뭐든 상표등록이 있어야 제품 수출이 가능했으니까요. 대신 혹시 모르니 심볼 중 1개는 식별력 강한 도안으로 만들어, 생길 수도 있는 상표 분쟁에서 상표로 주장이라도 해볼 수 있도록 구성했습니다.

로고의 경우 유사범위가 좁기 때문에 모티브가 동일하더라도 형태적·시각적으로 충분히 구별만 되면 거의 등록되는 편입니다. 또 창작의 영역이라 타 브랜드를 베낀 경우가 아니라면 동일하거나 매우 유사한 경우는 거의 없습니다.

결국 코레아사는 '더에션셜'을 문자만으로 등록 가능한 국가에서는 문자만 등록 받고, 나머지 국가에서는 심볼로고로 등록 받았습니다. 변경된 패키지에는 문자상표만 아니라 심볼로고 3종도 다양한 방향으로 인쇄해서 실제 사용도 했고요. 완벽한 권리는 아니었지만 써먹을 정도는 됐습니다. 주요 국가에서는 문자만으로도 등록이 되어 있으니 가품이 생기더라도 상표권 행사가 가능하고, 어쨌든 등록상표를 사용도 하고 있으니 등록 취소 등 여러 문제도 방어가 되었습니다. 그 정도면 현실적이면서도 합리적인 판단을 한 셈입니다.

해외상표등록은 기대보다 쉽지 않습니다. 국내와 외국 각 국의 심사경향이 다르고 우리나라에서는 통했던 보완책이 해외에서는 통하지 않는 경우도 많습니다. 하지만 그렇다고 상표등록을 위해 좋은 브랜드를 포기할 수는 없죠. 본국인 한국과 주요 수출 국가를 위주로 등록을 무조건 확보하되 다른 나라에서는 그때그때 대응하는 것이 낫습니다. '더에센셜'처럼 너무 많은 국가에서 거절이 되서 상표등록비용이 너무 커진다면 차라리 실제 사용 가능한 대안 상표를 마련해서 운영하는 것이 나을 수 있습니다.

정답은 없습니다. 하지만 어느 경우든 상표등록이 있는 것과 없는 것은 해외수출에서는 큰 차이가 있습니다. 어떻게든 상표등록은 확보하는 것이 좋습니다.

등록주의 국가에서 불사용 등록취소심판은 당연한 권리

등록을 받아야 상표권이 생기는 것으로 보는 등록주의의 가장 큰 폐단 중 하나가 바로 사용하지도 않는 상표를 선점해서 가지고만 있는 경우가 시간이 지남에 따라 점점 많아지게 된다는 것입니다.

상표는 다른 지식재산권과 다르게 창작을 보호하는 것이 아니라, 원래 있던 단어나 그 조합을 선택해서 등록하는 것을 보호하는 것인데, 한정된 자원인 상표를 등록만 하면 무한히 가질 수 있게 한다면 자본과 시간이 충분한 큰 기업이 상표를 독식하는 결과가 될 수 있습니다.

실제로 우리나라의 화장품 제조기업인 A사는 상표등록을 1만 5천개나 가지고 있고, 치약, 비누 등 생활소모품 제조기업인 L사 역시 상표등록을 1만개 넘게 가지고 있습니다. 당연히 그 중 실제로 사용하는 브랜드는 30개가 채 안 되고요. 그래서 화장품 업계에서는 A사 때문에 등록할 상표가 없다는 말까지 있을 정도죠.

이렇게 특정기업이 대량의 상표등록을 보유하고 그 수를 점점 늘린다면 나중에는 정말 등록할 상표가 고갈되어 더 이상 신규 상표등록이 안 될 수도 있습니다.

물론 이론상 그렇다는 것이고 실제로는 브랜드도 계속해서 창작되니 그럴 일은 없겠습니다만... 이 문제를 해결하기 위해 등록주의를 선택하고 있는 모든 국가에서는 상표를 등록해놓고 3년 또는 5년 이상 사용하지 않으면 그 등록을 신청을 통해 취소할 수 있도록 하고 있습니다.

단, 취소심판의 형태는 다양해서 우리나라처럼 '안 쓰고 있으니 등록을 취소해달라'고 신청하면 상표권자가 쓰고 있다는 사실을 입증하도록 하고 있는 나라도 있고, 싱가포르처럼 심판청구인이 상표권자가 상표를 안 쓰고 있다는 것을 조사를 통해 확인하도록 하는 나라도 있습니다. 어느 경우든 등록상표를 일정기간 계속해서 사용하지 않으면 등록은 취소되어야 마땅한 것이고, 상표라는 한정된 자원을 공유하기 위해서는 필수적인 절차입니다.

그래서 상표실무에서 불사용에 기한 등록취소심판은 매우 흔하고 관행적인 절차입니다. 거의 매일 등록취소심판을 청구하고 있기 때문에 대수롭지 않습니다. 동일하거나 유사한 선등록상표가 있는데 조사해보니 사용하지 않는 것 같다면 당연히 제일 먼저 떠올리는 절차입니다.

하지만 많은 기업들이 불사용 등록취소심판을 단지 심판이라는 이유만으로 고민하고 또 어려워합니다. 디자인 문구 브랜드인 인데스크도 그랬습니다.

인데스크는 한국에는 이미 예전에 상표등록을 가지고 있었고, 중국에서는 제품 판로를 개척하면서 상표출원을 했습니다. 하지만 인데스크의 브랜드는 이미 중국에 선등록되어 있었는데요. 다름아닌 글로벌 프린터 기업인 HT사에서 동일한 이름에 대해 상표등록을 가지고 있었던 것입니다.

하지만 HT사는 프린터와 잉크를 제조판매하는 기업으로 문구는 생산하지 않죠. 16류에 HT사가 필요한 상품은 잉크와 종이뿐, 다이어리나 노트는 16류를 출원하는 김에 그냥 등록했을 것입니다. 실제로는 생산한 적이 단 한번도 없거든요. HT사처럼 저명한 글로벌 기업들은 모든 영업활동과 제품이 공개되기 때문에 이런 사실은 쉽게 파악할 수 있습니다.

그래도 인데스크는 망설이더라고요. 중국이라는 남의 땅에서 글로벌 대기업인 HT사와 심판까지 하고 싶진 않았던 거죠. 이런 경향은 국내에서도 마찬가지여서 A사가 상표를 1만 5천개나 가지고 있고 그 중 30개도 채 쓰지 않는다는 사실이 기업정보공개에 의해 명확한데도 괜히 소기업인 내가 A사 같은 대기업을 상대로 심판까지 하기는 좀 그렇다는 경우를 자주 봅니다.

하지만 등록주의 국가에서 등록취소심판은 당연한 권리입니다. A사의 경우 매년 수 많은 등록취소심판청구를 당하고 차라리 등록비용 정도의 소액만 받을 테니 상표를 양수해가면 안 되겠냐고 하기까지 합니다. 사용하지 않는 것만 확실하다면 걱정할 일은 전혀 없습니다. 사용했느냐 안 했느냐는 판단의 문제가 아니라 사실의 문제로, 어느 정도 객관적이고 자명하기 때문이죠. 대기업이라고 해서 안 쓰는 상표를 쓰고 있는 것처럼 만들기는 어렵습니다.

인데스크는 두려움을 무릅쓰고 이국 땅에서 글로벌 대기업 HT사의 상표등록에 일부 등록취소심판을 청구하기로 했고 약 2년 뒤에 원하던 상표등록을 결국 얻었습니다. HT사는 어차피 일부 상품에만 등록취소되므로 필요한 잉크와 종이는 등록이 그대로 있는데다, 다이어리나 노트 같은 문구는 애초에 생산한 적도 없어 답변을 하려야 할 수도 없었을 겁니다. HT사는 심판청구에 아예 아무런 답변도 하지 않았고, 심판청구는 그대로 인용되어 인데스크는 생각보다 쉽게 중국에 상표등록을 확보했습니다.

(주)드코스메티끄의 경우는 일본에 완전히 동일한 상품에 동일

한 상표등록이 있었습니다. 아직 일본에는 제품 수출 계획이 없었기 때문에 일반적으로는 등록을 포기할 수도 있는 상황이었습니다. 하지만 (주)드코스메티끄의 대표는 생각이 달랐습니다.

중국에서의 한국 화장품 위상이 예전같지 않아 중국을 통한 성장은 더 이상 힘들고, 대신 일본, 유럽, 미국과 같은 선진국에서 품질 대비 가성비 좋고 신뢰할만한 중저가 화장품으로 한국 화장품이 점점 주목받고 있는 상태였습니다. 때문에 일본시장에서의 잠재력을 고려하면 꼭 상표등록을 확보해야 한다는 생각이었습니다.

다만, 이 경우는 선등록상표권자가 개인이어서 사용 여부에 대해 명확히 조사하기가 쉽지 않았습니다. 다행히 요즘은 온라인으로 검색되지 않는 브랜드가 거의 없기 때문에 예전처럼 비용을 들여서 따로 사설 조사를 해야 하진 않습니다. 그래도 개인명의 상표출원의 경우는 어디서 어떻게 사용하는지 명확지 않으므로 불안한 것은 사실이죠.

부족하나마 일본 야후와 구글을 통해 검색해보니 동일 상표의 일본 화장품 브랜드는 없어 보였습니다. 인데스크의 경우와 달리 약간의 불안함은 있었죠. 하지만 최근 3년 불사용을 이유로 하는 등록취소심판을 강행했고, 1년 뒤 (주)드코스메티끄는 일본에서 최종 상표등록을 확보했습니다. 상표권자는 취소심판에 답변조차 하지 않았고요.

선등록상표가 있고 검색해보니 사용하지 않고 있다면 당연한 절차로 불사용 등록취소심판을 고려하십시오. 상대방이 대기업이든 엄청난 자본을 가졌든 상관 없습니다. 사용하지 않은 상표는 취소되어야 하고, 취소한 상표를 정말 사용할 자가 가지는 것은 정당한 일입니다.

상표는 같지만 실제 사용 상품은 다를 때

- 공존동의제 -

"회장님이 꼭 등록해야 한다고 하는데요… 45년이나 썼는데 어떻게 바꾸냐고… 상표는 같아도 상품은 완전 다른데 어떻게 안 될까요?"

베링크사는 결제용 단말기, 산업용 PDA를 제조 판매하는 회사로 1970년부터 45년간 하나의 브랜드만 써왔습니다. 오랫동안 내수 시장에서 국내 대기업의 벤더사로만 경영을 해와서 여러 브랜드가 필요 없었던 거죠.

그런데, 2017년경 미국 기업에 제품을 수출할 수 있는 기회가 생겼습니다. 물량이 꽤 커서 미국에 법인도 설립하고 회사명과 제품명도 상표로 등록하고자 했죠. 문제는 타사에서 '무선통신 장치'를 상품으로 하여 미국에 이미 동일한 상표를 등록했고, 사용도 열심히 하고 있었다는 것입니다. 상표가 동일하고 결제용 단말기나 산업용 PDA도 일종의 무선통신 장치라서 서로 유사한 상품이라 상표등록은 어려운 상황이었습니다.

아니, 상표등록이 문제가 아니라 계속 사용하게 되면 오히려 상표권 침해 이슈가 있을 수 있었습니다. 최소한 미국에서라도 브랜드와 상호를 변경하는 것이 합리적인 상황이었죠. 그러나 베링크사는 45년이나 써온 상호를 변경하기를 원하지 않았습니다. 어떤 방법이든 좋으니 상표등록을 해야 한다는 창업주의 강력한 의지였습니다.

방법이 없을까 고민하면서 선등록 상표권자 회사를 좀 조사해 보았습니다. 베링크사는 무선통신장치 중에서도 '결제용 단말기'나 '산업용 소형 PDA'를 제조·판매하는 반면 미국상표권자는 '무전기'를 제조하는 기업이었습니다. 다만 상표등록을 할 때 상품을 '무선통신장치'와 같이 넓게 지정한 것뿐이었죠. 등록상품만 보자면 베링크사와 상표는 동일하고 상품도 유사하니 다른 방법이 없으나 실제 양 사의 사용상품을 보면 제품 자체의 내용이나 속성도 다르고 가장 중요한 소비자의 범위가 전혀 달라 유사로 보지 않을 수도 있었습니다.

만약 미국 선등록 상표권자가 베링크사의 상표의 공존에 대해 동의를 해준다면 상품 일부는 포기하고 일부는 한정해서 등록을 꾀해 볼 수도 있을 것 같았습니다.

공존동의란 동일하거나 유사한 후출원이 등록되어도 좋다는 선권리자의 허락을 말합니다. 미국을 비롯한 많은 국가에서 허용하고 있습니다. 우리나라에서도 2024년 5월부터 시행되었고요. 다만 구체적인 허용의 범위와 절차는 국가별로 조금씩 다릅니다.

대부분의 국가는 아무리 선권리자가 등록과 공존을 허락하더라도 후출원과 선등록이 동일한 상표와 상품일 때는 후출원을 등록하지는 않는 것으로 하고 있습니다. 그런 경우는 상표법의 또 하나 중요한 가치인 소비자 보호에 반한다고 보는 것입니다.

하지만 선등록과 후출원의 상표가 동일하거나 유사하기는 하나 구체적인 실사용상품이 다른 경우여서 소비자들에게 출처에 대한 혼동을 일으킬 염려가 없다면 등록할 수 있습니다. 선등록권리자가 자신의 등록상표권의 권리가 일부 좁아지는 것을 감수하기만 하면 됩니다.

비록 미국 선등록 상표권자가 등록받은 상품만 보자면 베링크사의 제품을 포함하고 있기는 합니다. 그러나 실제 사용 중인 상품은 베링크사 제품과 전혀 달랐습니다. 베링크사가 제품을 산업용으로 한정하거나 상대적으로 덜 중요한 산업용 PDA장치는 포기한다면 선등록 권리자와 협상의 여지가 있을 수 있다는 판단이었습니다.

아무런 관계가 없는 기업에 공존동의를 요청하는 것에 대해 우리나라 기업들은 꺼려하는 경향이 없지 않은데요. 선권리자가 너무 과도한 금액을 요구하거나 오히려 상표권 침해를 주장할지도 모른다고 생각하는 경우가 많습니다.

하지만 미국이나 유럽에서는 일종의 협상 안의 하나로 널리 검토되고 있으며 상표등록과는 무관한 글로벌 상표 공존 동의나 사용 형태에 대한 상호 협약서도 널리 작성되고 있습니다.

사실 베링크사는 공존동의 외에 선택할 다른 방도가 없었기 때문에 되든 안 되든 브랜드를 지키고자 한다면 선권리자에게 연락해보는 수밖에 없었죠.

그렇다고 선권리자에게 바로 협의를 요청할 필요는 없었습니다. 우선 최대한 상품을 한정하고 좁혀서 상표출원을 하고 미국 특허청에서 선등록상표와 유사로 거절이유를 지적하면 그 때 선권리자와 공존동의를 협의해보는 것으로 하였습니다. 선등록 상표와 다르게 상품을 '산업용 PDA, RFID장치, 결제단말기'로만 한정한다면 만의 하나라도 거절을 피할 가능성도 없지 않으니까요. 만약 선등록과 유사하다고 거절이유가 지적되면 그때 선권리자에게 연락해도 늦지 않을 겁니다.

베링크사의 미국상표출원은 예상했던 대로 선등록 동일상표의 존재를 이유로 등록이 1차 거절되었습니다. 상품 비유사 주장의 의견서를 제출 해볼 수도 있지만 선등록상품 중 '무선통신장치'와는 유사를 극복하기는 어렵다고 판단되었습니다. 그래서 애초에 이야기 되었던 대로 공존동의 허락으로 이 건을 해결해보기로 하였습니다.

우선 선권리자의 대리인 사무소에 연락해서 베링크사에 대해 간략히 소개하면서 '동일상표 선권리가 있어 등록이 어렵다는 통지를 받았는데, 베링크사의 실사용상품이 선권리자의 실사용상품과는 차이가 크니 선권리자가 상품 일부에 대해서라도 공존동의를 해주면 좋겠다'는 취지로 공문을 보냈습니다.

공존동의가 전 세계적으로 효력이 있는 것인지, 아니면 미국 내에서만 효력이 있는 것인지에 대해 양자 간의 입장차를 좁히느냐 애를 먹긴 했으나, 결과적으로 '산업용 결제용 단말기'로 상품을 더 좁히고 상표는 출원한 그대로만 사용하며 미국 내에서만 공존동의를 하는 조건으로 어느 정도의 대가를 주고 선권리자의 동의를 얻을 수 있었습니다. 결국 베링크사는 최종적으로 미국에 상표등록을 가질 수 있게 되었습니다.

선권리자가 비록 상표등록을 포괄적으로 가지고 있긴 했지만 실제 사용 상품은 그보다 훨씬 좁아서 가능했던 일이었습니다.

당사자 간 협상은 쉽지 않습니다. 정답이 없고 과정마다 어떻게 판단하느냐가 성패를 가르니 결정도 어렵죠. 하지만 어떻게든 해보겠다는 권리자의 의지와 어느 정도 내줄 것은 내주고 최소한의 얻을 것은 지키겠다는 마음이 있다면 대부분 좋은 결과가 나오더라고요.

Chapter II

Be brave, Professor

"아무래도 상표권을 양수 받아야 할 것 같아요."

- 때로는 과감한 결정이 필요하다 -

2018년 어느 날, (주)무드데에프의 대표님이 다급한 목소리로 전화를 걸어왔습니다. 중국의 대형 에이전트와 계약할 기회가 생겼는데, 무조건 상표권이 있어야 한다는 것이었습니다.

사실 (주)무드데에프는 2015년에 이미 중국에 화장품 등 제3류 상품을 폭넓게 지정해서 상표 등록을 시도했지만, 동일한 상표가 6년도 더 전에 이미 등록되어 있어 상품이 저촉되지 않는 '향' 카테고리에서만 상표를 확보할 수 있었습니다. 그마저도 처음엔 불필요해 보여 포기하려다가, 그 등록으로도 티몰에 입점할 수 있다는 이야기를 듣고 상표만 유지하고 있었습니다. 하지만 정작 핵심 제품인 '화장품' 카테고리에 상표가 없어 중국에서 적극적인 영업활동에 제약이 많았습니다.

그러나 한국 화장품이 중국에서 크게 인기를 끌기 시작한 참이라 (주)무드데에프로서는 중국 시장을 도저히 포기할 수 없었죠. (주)무드데에프는 다시 상표 출원을 시도하며, 선등록 상표에 대해 불사용 등록취소 심판을 청구했지만, 이 과정은 최소 1년 반이나 더 걸릴 예정이었습니다.

그러던 중 큰 기회가 찾아왔습니다. 온라인 쇼핑몰에서 유통되던 (주)무드데에프의 제품을 본 중국의 대형 에이전트가, 200개가 넘는 오프라인 매장을 통해 유통할 수 있는 계약을 제안한 겁니다. 이제 상표권 확보는 선택이 아닌 필수가 되었죠. 어떻게든 상표권을 확보해야만 했습니다.

하지만 그렇다고 해도 이런 상황에서 상표권 양수를 결정하기는 쉽지 않습니다. 상표권자가 얼마를 요구할지도 모르고, 협상이 결렬되면 상표 침해로 역공격을 받을 수도 있었기 때문이죠.

"아무래도 상표권을 양수 받아야 할 것 같아요."

게다가 이미 불사용 등록취소 심판을 청구한 상태였습니다. 시간이 지나면 상표를 확보할 가능성도 있었으니, 더더욱 양수 결정을 내리기는 쉽지 않았을 겁니다.

그럼에도 불구하고, (주)무드데에뜨는 지금 기회가 주어졌을 때 상표권을 하루라도 빨리 확보하는 것이 더 낫다고 과감히 판단했습니다. 사업은 타이밍이니 지금 하지 않으면 안 된다는 감이 왔었나 봅니다.

하지만 상표권을 양수 받는 일은 쉽지 않았습니다. 중국상표권자의 대리인 특허사무소가 폐업해버린 상태라 어떻게든 상표권자에게 직접 연락해야만 했는데 상표공보에 기재된 상표권자의 주소조차 정확하지 않아 연락이 닿질 않았습니다.

다행히 중국거래처의 도움으로 출원을 대리했던 로펌 대표변리사의 개인 연락처를 어렵게 알아내었고, 간신히 상표권자와 연락이 닿았습니다. 대리인 집 주소로 편지까지 보내고 여러 번 통화를 시도한 끝에 만들어낸 결과였습니다.

2장. Be brave, professor.

이후 협상 과정도 쉽지는 않았습니다. 특히 비용 문제 때문에 애를 많이 먹었습니다. 처음 중국상표권자는 한화 6700만원 정도에 해당하는 금액을 양도 대가로 불렀습니다. 장차 발생할 매출을 생각하면 큰 비용은 아니었지만 쓰지도 않는 상표를, 게다가 기다리기만 하면 등록취소될 상표를 그렇게 큰 비용을 치루고 양수하기는 어려웠습니다. 깎고 또 깎고 여러 번 시도한 끝에 약 3천만원까지 가격을 낮추어 마침내 양도 협상에 성공할 수 있었습니다.

최근 한국 상표권은 기본 1억부터 매매가가 시작하는데, 당시에는 아직 한국 상표권 매매가 활발하지 않았고, 상표권자가 상표를 전혀 사용하지 않고 있던 데다 취소심판까지 걸어둬서 예상보다는 낮은 금액에 양수도계약을 최종적으로 성사시킬 수 있었던 것 같습니다.

결국, 중국 변리사님이 직접 광저우로 날아가 계약서에 도장 찍고, 양도증에 공증까지 마치며 상표권을 확보했습니다.

그 후 (주)무드데에쁘는 중국 시장에서 큰 성공을 거두었습니다.

"아무래도 상표권을 양수 받아야 할 것 같아요."

상표권을 확보한 후 적극적으로 영업하여 연매출이 즉시 2배로 뛰었고, 3년 뒤에는 10배로 성장했으며, 그중 중국 시장에서의 매출이 절반 이상을 차지하게 되었죠. 이 결단은 (주)무드데에뜨에게 신의 한 수였다고 해도 과언이 아닙니다. 그때 (주)무드데에뜨 대표님의 과감한 결정은 지금 생각해도 참 대단한 일이었다는 생각이 듭니다.

"큰 투자를 앞두고 있는데,
상표권이 무조건 필요합니다."
- 과감한 결정2 -

스미스앤캘리도 과감한 결정으로 적기에 상표권 양수를 했던 경우입니다. 스미스앤캘리는 유명 연예인과 패션디자이너가 합작해서 만든 브랜드로 독특한 디자인과 실용성으로 국내에서 크게 성공했습니다. 한국 의류 브랜드면 중국에서 무조건 어느 정도는 판매가 되던 시절이었죠. 스미스앤캘리도 당연히 중국 진출을 앞두고 있었고요.

그런데 중국 진출을 생각하며 상표를 검토해보니 스미스앤캘리와 로고까지 완전히 동일한 상표가 이미 등록이 되어 있었습니다. 등록된 지 벌써 2년이나 지났고요. 스미스앤캘리는 천사 날개와 눈동자로 구성된 매우 독특한 디자인의 로고였기 때문에 우연의 일치로 상표출원이 된 것이라고 보기는 어려웠습니다. 누가 봐도 모방상표등록이 분명했죠.

다른 상표권자가 있는 상태에서 한국에 이미 알려져 있는 브랜드가 상표등록도 없이 중국에 진출하기에는 리스크가 너무 큰 상황이었습니다. 유명 연예인과 패션디자이너 합작 브랜드라 중국에서도 이미 제품이 적지 않게 판매되고 있었으니 그대로 중국 진출을 강행할 경우 상표권자가 상표권을 행사할 우려가 있다고 판단되었습니다.

조사해보니 상표권자가 전문 브로커까지는 아니지만 세계적으로 유명한 패션 브랜드를 50여개 정도 다량 등록해둔 자였습니다. 개인이었는데 주로 미국이나 유럽의 브랜드를 선점해 두었고 한국브랜드도 여러 개 무단선점 하였고요. 더더욱 상표권 문제를 해결하지 않고 중국 시장 진출은 할 수 없는 상황이었습니다.

통상적인 절차로 로고에 대해서는 저작권등록을 해놓고, 타인의 상표등록에 대해서는 상표 모방과 저작권 침해를 이유로 등록무효심판을 청구하였습니다. 등록된 지 이미 2년이 지났으므로 3년이 도과하는 날 최근 3년 불사용을 이유로 하는 등록취소심판도 청구해서 할 수 있는 모든 법적 조치는 다 하기로 하였고요. 모든 심판이 끝나고 출원이 등록되기까지는 최소한 2년 이상 걸릴 상황이었지만 상표 자체의 모방 정도가 너무 크고 스미스앤캘리가 이미 중국에서 판매도 되고 있어 성공가능성은 있는 편이었습니다.

출원과 심판청구까지 다 끝내 놓고 이제 기다리는 일만 남아 잊어버리고 있었는데요. 반 년 정도 지났을까, 아직 아무런 결과도 나온 것이 없는데 스미스앤캘리로부터 한번 뵙고 상의 드려야 할 일이 있다는 연락이 왔습니다. 아무래도 상표를 양수 받아야 할 것 같다는 것이었습니다.

대기업인 K사에서 패션 부문을 확장하면서 스미스앤캘리에 관심을 보이고 있고, 거의 투자계약이 성사될 것 같은 분위기인데 가장 성장가능성이 큰 중국시장에서 상표문제가 있으니 여

"큰 투자를 앞두고 있는데, 상표권이 무조건 필요합니다."

러 이야기가 나오고 있다며, 가장 빠르게 해결할 수 있는 방법이 양수도라면 얼마가 들든 상표권 양수로 방향을 잡아야 할 것 같다고요. 최대한 빠르게 협상에 착수해달라는 요청이었습니다.

그런데 문제는 상표권자가 다량의 해외 브랜드를 무단선점하고 있는 자라는 것이었습니다. 업으로 상표를 무단선점하는 상표브로커라면 어차피 팔려고 선점하는 것이니 양도의사 자체는 확실히 있을 것이나 스미스앤캘리에게 상표등록이 얼마나 중요한지도 알고 있으니 양수비용이 적지 않겠지요.

중국현지사무소와 여러 번 상의한 끝에 이 건은 스미스앤캘리로 바로 상표권을 양수하지 말고, 믿을 만한 중국인 개인 명의로 협상을 해서 가격을 낮추고 그 개인 명의로 우선 상표권을 양수받고, 1차 양도등록이 완료되면 다시 스미스앤캘리로 상표권을 2차 양도하기로 했습니다.

대신 1차 양도를 받을 중국인 개인은 협력사와 긴밀한 관계에 있는 믿을 만한 자로 하기로 하고, 2차 양도에 대한 협조를 보증하는 계약서를 추가로 작성하고 공증까지 하기로요. 투자사인 K사에서 1차 양수인인 중국 개인에 대한 신뢰 문제를 제기하였지만 중국현지사무소에서 보증하는 조건으로 양수도협상을 강행하였습니다.

다행히 상표권자는 등록 후 이제 곧 3년이 되고 그러면 불사용등록취소심판의 우려가 있어서인지 다행히 양수도 제안에 매우 협조적이었습니다. 스미스앤캘리가 직접 협상에 나섰다면 최소한 1억 이상은 불렀을 것이라는 것이 현지사무소의 예상이었는데, 중국인 개인이 스미스앤캘리가 한국에서 워낙 잘 알려져 있어 제품을 중국에 좀 들여와서 판매해보고 싶다고 했더니 약 3천만원으로 처음부터 예상보다 훨씬 낮은 가격을 제안했고, 최종적으로 1500만원까지 낮춰서 협상을 완료할 수 있었습니다. 거기에 상표권자는 워낙 상표 양도 경험이 많아서 양도계약서도 직접 만들고 공증사무실도 알아봐주었습니다. 일사천리로 진행되었죠.

그리고 약 1년 뒤, 스미스앤캘리는 2차례의 양도등록을 거친 끝에 중국상표권을 확보할 수 있었습니다. 그 사이 대기업 K사가

"큰 투자를 앞두고 있는데, 상표권이 무조건 필요합니다."

스미스앤캘리에 크게 투자를 했고, 그때까지 기다렸다가 상표권 등 일체의 영업권을 K사에 넘기고 창업자 2명은 스미스앤캘리에서 아예 빠졌습니다. 성공적인 엑시트를 한 셈입니다.

우연히 같은 상표가 선등록 되어 있었든, 모방상표가 무단선점 되어 있었든, 대부분의 국가가 선등록주의를 근간으로 하고 있으므로 해외에 상표권이 이미 등록되어 있을 수 있습니다.

이럴 때 문제를 해결하는 방법은 다양합니다. 등록무효심판이나 불사용 등록취소심판을 청구해 선등록 된 상표를 없애고 새로 출원해 등록 받는 방법도 있고, 공존동의를 받거나 또는 등록 후 재양도를 통해 상표가 공존하게 할 수도 있습니다.

그러나 빠르게 상표권을 확보해야 하거나, 상표를 통해 더 큰 이익을 예상할 수 있는 상황이라면, 적극적으로 상표 양수를 고려해보는 것도 좋습니다.

다만, 양수도 협상 전에 상표가 실제로 사용되고 있는지 철저히 조사하고, 불사용 등록취소심판 정도는 청구한 상태에서 협상을 진행하는 것이 좋겠지요. 절대적으로 유리한 위치에 있는 선등록 권리자에게 조금이라도 대항할 수 있는 무기를 가져야 협상테이블에 앉힐 수 있을 테니까요.

때로는 정말 과감해야 한다니까요.

"큰 투자를 앞두고 있는데, 상크권이 무조건 필요합니다."

> "아는 사람이 더 무섭네요.
> 우리 사이에 어떻게…"
>
> - 상표 무단선점1 -

정말 많은 케이스의 모방상표출원을 지켜보았습니다. 상표브로커에 의한 모방출원도 정말 많았지만, 도저히 어떤 이유로 출원을 했는지 이유를 알 수 없는 모방상표출원도 참 많았습니다.

상표의 창작성이나 로고의 모방 정도를 보거나 순순히 양도 협상이나 이의신청 합의에 응해준 걸 보면 정말 사용하려고 등록한 것은 아닌 것 같은데 그렇다고 계약관계에 있지도 않고 아직 현지에서 브랜드가 알려지기도 전이라 모방출원이라는 심증만 있고 물증은 없는 경우지요.

하지만 역시 모방출원을 가장 많이 하는 자들은 수입대행사거나 총판 계약을 앞두고 있는 현지 에이전트이거나, 정말 가끔은 경쟁사입니다. 아는 사람이 더 무서운 법이니까요. 경험이 있는 에이전트라면 계약서를 쓰기 전에 상표침해 우려를 피하기 위해 현지 상표권에 대해 확인을 하기 마련입니다.

그런데, 브랜드 본사가 상표등록을 현지에 가지고 있지 않을 때, 상표등록을 하지 않으면 계약을 못한다고 말해주는 에이전트도 있지만 은근슬쩍 상표출원을 해두는 경우도 참 많습니다. 그리고는 나중에 들통이 나면 빠르게 상표를 보호하기 위해서 우선 출원을 했다고 하는 거죠.

하지만 상표는 선착순이고 브랜드 본사가 아무리 본국에 상표를 가지고 있다고 해도 속지주의 원칙상 해외에서는 선출원인에게 우선권이 있는 것이 당연합니다. 순순히 에이전트가 상표 출원을 양도해준다면 정말 다행이지만 그렇더라도 상표 이슈가 있으니 아무래도 에이전트에 유리하게 계약이 성사되기 마련입니다. 에이전트 회사나 대표가 아니라 직원이나 관계를 파악할 수 없는 제3자 명의로 출원을 해둔 경우라면 이의신청이나 등록

"아는 사람이 더 무섭네요. 우리 사이에 어떻게…"

무효심판 등으로 등록을 저지하거나 무효 시키기 어려워질 수 있으니 그 출원에 대한 양도 협상 등을 중재한다는 명목으로 에이전트는 더욱 유리한 입장을 가질 수밖에 없습니다.

마드모와 보바떼의 경우가 그랬습니다. 둘 다 의류 브랜드였는데, 상표출원을 하려고 보니 동일상표가 로고까지 그대로 출원이 되어 있었고, 조사해보니 출원인이 거래처였던 것이죠.

마드모는 모방출원이 심사를 통과해서 출원공고까지 되어 버린 상태여서 우선 급하게 이의신청서만 제출해놓고, 거래처에 연락해서 출원양도를 요구했습니다. 온갖 핑계를 대고 양도를 차일피일 미뤘지만 결국은 이의신청 이유 보정 기간이 만료 되기 전에 양도 계약서를 공증 받고 간신히 양도 신청서를 제출하여 이의신청은 취하하고 상표등록은 확보했습니다.

나중에 들으니 마드모 대표님이 중국에 아는 인맥 다 동원해 에이전트에게 여러모로 압박을 해서 간신히 상표양도에 성공한 것이라고 합니다. 그 에이전트와는 결국 양도 협상 과정에서 쌓인 여러가지 일들 때문에 거래가 성사되진 못했고요. 한번 신뢰가 깨졌으니 거래를 이어 가기는 어려웠겠지요.

보바떼의 경우는 이전부터 오랫동안 거래해 온 거래처가 새로 런칭한 보바떼의 신규 브랜드를 출원해둔 경우였습니다. 출원 공고 되는 것을 기다렸다가 이의신청을 한 후 양도 제안을 해도 늦지 않았지만 워낙 오랜 거래처로 관계가 좋았던 터라 보바떼는 기다리지 않고 바로 출원인에게 연락해서 출원양도를 요청했습니다.

하지만 그런 경우에도 한번에 순순히 양도에 응하지는 않더군요. 본인이 상표권을 가지고 있는 것이 현지에서 제품을 판매하기 더 좋다며 오히려 본사를 설득하려 했습니다. 상표권은 반드시 본사에서 가져야 에이전트를 통제할 수 있고, 소비자들도 본사의 상표로 알고 있을 테니 그것이 실체적으로도 맞다고 여러 번 말씀드려서 결국 출원을 양도 받았습니다. 그러나 오랜 거래처로 상당한 신뢰관계에 있던 두 회사의 관계는 예전 만은 못하게 되어버렸습니다.

N사의 경우는 국내보다는 해외에서 더 많이 알려져 있는 화장

"아는 사람이 더 무섭네요. 우리 사이에 어떻게…"

품 브랜드를 3개 가지고 있었는데요. 3개 상표 모두 튀르키예에서 에이전트에 의해 무단선점 되어 이를 해결하느라 애를 먹었습니다. 모방 상표 등록이 있는 사실도 전혀 모르고 있다가 우연히 상표 모니터링 과정에서 타인이 상표등록까지 가지고 있는 것을 확인한 것인데, 권리자를 조사해 보니 거래처였던 것이죠.

비용을 조금이라도 줄이려고 등록무효심판을 청구만 해놓고 이유보정 없이 보정기간 만료 전에 양도계약을 성사시키느라 정말 쉽지 않았습니다. 현지 대리인에 요청해서 N사의 현지 주재 직원과 함께 에이전트 사무실에 직접 방문하게 하고 N사 팀장님과 함께 계속 연락을 주고받으면서 협상을 진행해 나갔습니다. 양도대가나 수입계약에 대한 양쪽의 입장차가 커서 그걸 조율하느라 어쩌면 양도가 안 될 수도 있겠다고 생각한 순간도 있었지만 어찌어찌 극적으로 협상 타결해서 양도받았습니다.

N사 해외영업팀 팀장님 성향으로 봐서는 에이전트에게 유리한 조건으로 협상했을 것 같지는 않고 중앙아시아나 동유럽에서 제법 인지도가 있는 브랜드였으니 거래 못한다고 반 협박해서

성사시키지 않았나 싶습니다.

화장품 전문 브랜드인 S사의 경우도 여러 나라에서 에이전트에 의한 상표 무단선점이 있었는데요. 몰도바에서는 모니터링 과정에서 3류 화장품에 상표출원이 2개, 35류 화장품 소매업에 상표출원이 1개 검색되었습니다. 선출원권자는 모두 거래처인 에이전트였는데, 이의신청 후 이유보정기간 전까지 협상이 타결이 안 되어서 결국 이의신청 이유서를 제출할 수밖에 없었습니다. 양도협상이 잘 되면 이의신청을 취하하게 되므로 이의신청은 신청서만 내고 이유를 내기 전에 취하해야 조금이라도 비용을 줄일 수 있는데 실패한 거죠.

이의신청이 진행되는 와중에 결국 S사의 해외영업팀에서 에이전트에 절대적으로 유리한 조건을 내밀어 양도 협상을 성사 시켰고, 상표권 양도 받고 이의신청 취하하여 사건을 마무리하였습니다. 얼마나 파격적인 조건이었길래 양도 협상이 타결되었는지 나중에 물어보니 5년 독점 계약에 가격도 40% 수준으로 맞춰주는 조건으로 다른 나라에서는 아예 없는 조건이었다고 하더라고요.

"아는 사람이 더 무섭네요. 우리 사이에 어떻게…"

브랜드와 상표의 중요성을 가장 잘 아는 거래처나 에이전트가 상표를 모방출원할 가능성이 가장 큽니다. 그 상표의 존부가 본인의 영업활동에 미치는 영향이 정말 크기 때문에 민감할 수 에 없기도 하고요.

하지만 거래처나 에이전트가 어떤 핑계를 들든, 상표권 등 지식재산권은 반드시 본사에서 가지고 있어야 합니다. 현지 소비자들도 그 브랜드가 한국의 본사 상표인 것으로 알고 있을 테니 실체적으로도 타당할뿐더러, 향후에도 에이전트와 유통경로를 어느 정도는 통제할 수 있는 강력한 도구가 되어 줍니다.

이렇게 에이전트가 모방출원을 한 경우, 어쨌든 본사 상표고 거래처나 에이전트도 그걸 알고 출원한 것이니 사후적으로라도 이의신청이나 등록무효심판 등 법적 절차를 통해 되찾아올 수 있을 거라는 것이 일반적인 생각일텐데요. 하지만 현실적으로는 국가에 따라 모방상표출원에 대한 인정 정도가 다르고 자국 산업을 보호하는 것이 더 우선인 나라들이 더 많기 때문에 생각처럼 법적 절차를 통해 에이전트의 상표등록을 저지하거나 무효시키고 본사가 상표등록을 확보하기가 쉽지 않습니다. 가능하면 양수도로 해결하는 것이 낫더라구요.

하지만 가장 바람직하게는 주요 수출 예상국에는 미리 상표등록을 해두는 것이고, 최소한 바이어가 관심을 보이면 실제 거래로 성사되든 안 되이든 바로 상표출원을 서둘러서 하는 것이 낫습니다. 다시 한번 강조하지만 등록이 가장 저비용으로 분쟁을 막는 방법입니다.

"아는 사람이 더 무섭네요. 우리 사이에 어떻게…"

"어떻게 이게 등록이 되죠?
이해가 안 되는데"

- 너무 많은 모방상표가 생겼을 때 -

2020년 여름, 휴가를 앞두고 들뜬 마음으로 미리 업무를 처리하고 있는데, (주)스킨포씨 대표님이 전화를 해왔습니다.

(주)스킨포씨는 브랜드 엠풀리를 메인으로 40여개의 브랜드를 운영하는 중견 화장품 브랜드사입니다. 연평균 매출은 약 1500억이고 그 중 중국매출이 차지하는 비중이 2020년 당시 60%로 중국이 절대적으로 중요한 시장이었습니다.

엠풀리에 대한 중국상표권을 어렵게 확보한 만큼 사내 특허팀에서 정기적으로 상표모니터링도 직접 할 정도로 상표관리에 신경을 많이 쓰는 기업이었는데요. 중국에서 적지 않은 매출을 내고 있어 중문 브랜드도 영문 브랜드와 함께 사용하고 있었습니다. 물론 중문과 영문 모두 상표등록도 완료되어 있었습니다.

그런데, 모니터링 과정에서 엠플리의 중문상표 3글자 중 한 글자의 획 하나만 다르고 발음도 완전히 같은 상표가 3류 화장품에 등록이 된 것이 발견되었습니다. 외관상으로도 너무 유사했고 발음도 동일해서 등록되면 안 되는 상표가 등록된 것입니다.

더 큰 문제가 추가 조사 과정에서 발견되었습니다. 그 유사 상표의 권리자는 광저우의 개인이었는데 엠플리의 영문 및 중문 상표와 글자를 조금씩 다르게 하고 분류도 달리해서 무려 105개의 출원과 등록을 해둔 것이었습니다. 중문의 경우 획수를 더 하거나 뺐지만 발음도 뜻도 비슷한 단어들로 등록을 했고 영문의 경우에는 1류부터 45류까지 등록가능한 거의 전 분류에 등록을 해버렸습니다. (주)스킨포씨는 3류와 44류에만 등록을 가지고 있었는데, 그 외 나머지 분류에는 타인이 권리자가 되어 버린 것입니다.

"어떻게 이게 등록이 되죠? 이해가 안 되는데"

심지어 엠풀리의 대표상품인 모델링팩과 비슷하게 디자인한 패키지의 제품에 등록 받은 중문상표까지 표시해서 실제 제품까지 생산해서 판매 중이었고요. 이 일이 터진 후 해외영업팀에서 말하기를 중국 현지 대리점들에게서 '패키지가 너무 유사한 가품이 유통 되고 있는데 가품 제조사 측에서 본인들도 상표권이 있다고 하니 알아봐달라'고 아우성을 한 적이 있는데 그 회사 같다는 것입니다.

이미 엠풀리의 중문상표가 등록이 되어 있는데도, 외관상·발음상 너무 유사한 상표가 어떻게 등록이 가능했는지 추적 조사를 해봤습니다. 모방 상표권자는 최소한 여섯 번 이상 변형 상표를 2~3년 동안 계속해서 출원해서 등록을 시도했고, 계속 거절되다가 1년 전쯤 담당 심사관이 심사를 잘못했는지 알 수 없는 이유로 여러 개의 변형 상표 중 하나가 등록되기 시작하면서 이후로는 거의 모든 상표출원이 등록되었고, 결국 다량의 모방 상표등록이 생기게 된 것이었습니다.

게다가 한 권리자만 모방출원을 한 것이 아니었습니다. 중국현지사무소에 의뢰하여 정밀조사를 해보니 최소한 4명 이상의 다른 출원인이 엠풀리와 유사한 상표를 여러 번 출원했고 등록이 완료된 상표 중에는 어느 모로 보나 엠풀리와 유사로 볼 수밖에 없는 것들도 다수 있었습니다.

어쨌든 (주)스킨포씨는 선등록권리자이니, 모방상표에 대해 하나씩 심판이나 이의신청을 진행하면서 어떻게든 정리해 나갈 수 있긴 했을 겁니다. 엠풀리의 한 해 매출이 중국에서만 900억에 이르는데 유사 모방상표를 막지 못할 이유도 없지요.

하지만 너무 많은 모방상표등록에 (주)스킨포씨는 망연자실할 수밖에 없었습니다. 아무리 가능성이 높다고 해도 심판을 백 개를 할 수는 없으니까요. 시간도 시간이지만 그 비용을 어떻게 감당할까요? 무엇보다 그렇게 심판을 해서 얻어내는 결과가 결국 회사에 아무것도 남는 것이 없는 그저 타인의 등록을 무효로 하는 것에 불과하다면 기업으로서는 고민이 깊어질 수밖에 없을 것입니다.

그때 정말 문정동 테라타워에 12번은 간 것 같습니다. 여름휴가도 취소하고 수 차례의 치열한 회의 끝에, 100개가 넘는 모방상

"어떻게 이게 등록이 되죠? 이해가 안 되는데"

표 전부에 대해 대응하는 것은 불가능하고 그럴 필요도 없다고 결론을 내렸습니다. 가장 중요한 것은 가품이 나오지 못하게 하는 것이고 그 다음 중요한 것은 (주)스킨포씨가 화장품과 에스테틱 그리고 관련 제품에 앰풀리 상표를 사용할 수만 있으면 된다는 결론이었습니다.

105개의 모방 등록과 출원 중에 (주)스킨포씨의 영업에 실질적으로 영향을 미칠 수 있는 상표들을 추리기로 했습니다. 3류 화장품과 44류 미용업을 지정하고 있으면서 발음이나 외관이 너무 유사해서 실제로 소비자들에게 혼동 우려가 높은 영문 및 중문 상표 6건을 선별했습니다. 그 중 가품이 실제로 나오고 있고 획 하나만 차이가 나는 중문상표를 대표 케이스로 삼았습니다. 실제 가품이 있어 모방 상표임이 증거에 의해 분명하므로 성공 가능성이 가장 높았고 그 한 건만 성공하면 나머지도 당연히 승소할 것으로 생각한 것입니다.

(주)스킨포씨의 중국 내 매출자료, 광고비 자료, 천만불 수출탑 등 수상실적, 중국 내 운영 중인 에스테틱 매장 리스트, 유명 왕홍 홍보자료 등 주지·저명성을 입증할 수 있는 모든 자료를 모

았습니다. 이와 더불어 [모방 상표권자가 패키지가 너무 유사해서 얼핏 보아서는 구분하기 어려운 제품을 실제 제조해서 유통하고 있으며 이 건 상표와 너무나도 유사한 선등록 상표가 있는데도 등록이 허여된 것은 납득하기 어렵다]는 주장으로 등록무효심판을 청구하였습니다.

결과적으로 약 1년 뒤 그 등록무효심판에 승소하면서 선별하여 청구한 나머지 6건 전부 좋은 결과를 내었습니다. 아직 100여 개의 상표출원과 등록이 더 있었지만 거기까지 (주)스킨포씨가 직접 손볼 필요는 없었지요. 한번 심판결과가 나왔으니 유사상표들은 등록되기도 어렵고 등록된 상표도 신청만 하면 무효로 될 것이 자명했으니까요.

그와 더불어 (주)스킨포씨는 중국에서만큼은 상표권 확보와 관리를 매우 적극적으로 할 필요가 있다는 것을 깨닫고 화장품과 관련된 분류 전체에 상표등록을 하기로 했습니다. 기존의 3류 화장품과 44류 미용업 외에도 5류의 약제, 10류의 마사지장치, 21류의 미용도구, 29류의 가공식품, 32류 음료, 35류 상품전시업에도 모조리 등록을 했고 혹시 온라인광고나 유튜브에도 모방상표가 생길까 38류에까지 등록을 했습니다.

등록이 최선의 방어수단임을 깨달은 것이죠. 이슈가 생겼을 때 심판 등 법적으로 준비되어 있는 절차로 해결하기보다는 차라리 먼저 최대한 권리를 확보해서 애초에 이런 모방상표가 생기지 못하도록 선점해버리는 것이 가장 효율적인 방법이라는 것을 아주 비싼 비용을 치르고서야 깨달은 것입니다.

"와, 이거하려고 3년을
기다렸나봐요. 뒤끝있네.."

- 중국모방상표 이의신청으로 회수했더니
3년 뒤 불사용 취소심판 -

보떼바깡은 디자인 액세서리 브랜드로 가로수길과 경리단에 매장이 있고 이태원에 쇼룸도 있는 국내에서는 꽤 알려진 브랜드였습니다. 보떼바깡은 액세사리 브랜드를 런칭하기 전 의류 브랜드를 크게 성공시킨 경험이 있었기 때문에 상표권의 중요성을 일찍부터 알고 있었는데요.

아쉽게도 브랜드 런칭 전부터 중국에 여러 번 상표등록출원을 했지만 브랜드 안에 포함되어 있는 미국의 특정 지명때문에 번번히 등록이 거절되었습니다. 그래도 포기하지 않고 단어 사이 띄어쓰기 없이 일렬로 상표를 변형해보기도 하고 다양한 로고도 결합해보는 등 등록이 나올 때까지 여러 방법을 썼는데요. 다행히 여러 버전의 로고 중 하나를 결합한 상표가 심사를 통과해서 상표등록을 마칠 수 있었습니다.

그런데, 모니터링 과정에서 25류의 의류를 지정한 동일한 상표출원이 심사를 통과해서 출원공고까지 된 사실이 발견되었습니다. 액세사리가 주력상품이라 14류 장신구에만 상표등록을 받았는데 견련성 있는 의류에 모방상표출원이 생긴 것입니다.

모방상표임이 분명하긴 했지만, 보떼바깡은 액세사리가 주력상품이고 중국에서 의류에 대한 상표등록은 하지 않았으므로 이의신청 성공가능성이 높지는 않았습니다. 그래도 보떼바깡은 강력하게 모방상표출원의 등록을 저지하기를 원했습니다. 의류와 견련성 있는 14류의 액세사리에 선등록을 이미 가지고 있는 점, 그리고 주력상품은 아니지만 드레스와 가디건 등 의류를 생산하여 중국에 수출한 적도 있다는 점을 들어 이의신청을 진행했습니다.

다행히 보떼바깡은 중국 유명 백화점 여러 곳에 매장을 가지고 있었고, 티몰 등 온라인몰에서 매출이 상당해서, 이의신청은 성공할 수 있었습니다. 상품분류 상 액세서리(14류)와 의류(25류)는 서로 비유사한 상품이지만 상업적으로는 같은 패션 카테고리의 상품으로 견련성이 있고 보떼바깡이 액세서리 분야에서 잘 알려져 있어, 타인이 의류에 같은 상표를 사용한다면 소비자들이 충분히 의류의 출처에 대해 오인할 수 있다는 이유였습니다. 기대했던 것보다 아주 좋은 결과를 얻은 것인데요, 아마도 그때 당시 있었던 중국 정부 차원의 무단선점 상표에 대한 대대적인 조사와 단속의 여파가 아닌가 싶기도 합니다. 운이 좋았던 거죠.

그렇게 이의신청으로 25류 의류 모방 상표출원의 등록을 저지하고 보떼바깡이 따로 출원한 25류 상표가 등록까지 문제없이 완료되어 그대로 사건 종결되었는데요.

3년 뒤 어느 날, 보떼바깡의 14류 및 25류 2개 상표등록 모두에 대해 갑자기 심판청구서가 접수되었습니다. 바로 이의신청으로 등록을 저지했던 모방 출원인이 3년 불사용을 이유로 하는 등록

"와, 이거하려고 3년을 기다렸나봐요. 뒤끝있네.."

취소심판을 청구한 것입니다. 이의신청에서 패했던 것을 잊지 않고 3년이나 기다리고 있었던 모양이었습니다. 이제 보떼바깡은 중국에서 등록상표를 액세서리와 의류에 사용한 3년 이내의 자료를 제출해야 했습니다.

불사용 등록취소심판은 등록상표를 썼느냐 안 썼느냐의 사실의 문제만 판단하기 때문에 어떻게 생각하면 참으로 쉬운 심판입니다. 상표를 쓰기만 했다면 사용자료야 얼마든지 있으니 입증이 쉬울 거라고 다들 믿습니다. 하지만 '등록상표'를 심판청구일로부터 '3년 이내'에 통상적인 방법으로 '사용'했다는 사실을 입증한다는 것이 그렇게 쉽지만은 않습니다.

예를 들어, 카탈로그로 제품을 홍보하고, 주문서를 받아서 견적서를 보내고, 제품을 납품하고 입금을 받았다고 합시다. 안타깝게도 보통 주문서, 견적서, 입금증 어디에도 상표에 대한 표시가 없습니다. 카탈로그에는 있겠죠. 그러면 카탈로그에 표시된 바로 그 상표 제품이 주문-납품-입금이라는 통상적인 거래를 통해 판매되었다는 것을 입증해야 합니다. 카탈로그나 거래서류에 모델명이라도 명확히 기재되어 있다면 참 좋겠지만, 대부분은 티셔츠 50장, 귀걸이 1만개 이런 식으로 거래를 하니 거래된 상품이 그 상표제품인지 확신이 어렵습니다.

홈페이지나 카탈로그 기타 매장 디스플레이에 분명히 상표가 표시되어 있겠지만 심판청구일로부터 소급해서 3년 이내인 것이 명확해야 합니다. 날짜를 일일이 표시하면서 자료를 남기는 회사는 거의 없더라고요.

게다가 보떼바깡의 경우는 중국에서 14류 액세서리에 상표등록을 받기 위해 로고를 결합해서 출원 후 등록을 받았는데요. 그게 문제가 되었습니다. 그 로고는 등록용이고 당시 잠깐 사용했지만 그 이후에는 거의 사용한 적이 없었던 것입니다. 25류 의류에도 이의신청까지 하면서 상표등록을 확보했지만 의류는 주력상품이 아니어서 중국으로 수출이 되었는지는 모르겠다고 하고요. 여러 번의 도전과 이의신청까지 하며 지킨 상표권이 어이없게 3년 불사용을 이유로 취소될 수도 있는 상황이었습니다.

다행히 중국의 불사용 등록취소심판은 상표권자가 무엇이든 답변서를 제출하면 심사관이 직권으로 판단하여 등록취소신청을

"와, 이거하려고 3년을 기다렸나봐요. 뒤끝있네.."

일단 기각하고, 이에 대해 심판청구인이 불복해서 결정복심 절차에 들어가야 제출한 답변서를 심판청구인에게 보내주면서 서로 공방을 할 기회를 갖게 됩니다. 어떻게든 답변을 하고 만약 심판청구인이 더 이상 불복하지 않는다면 그대로 끝날 수도 있는 거죠.

상표나 상품, 날짜 등의 자료가 명확하지 않아도 좋으니 무엇이든 중국에서 상표를 사용한 자료를 확보해서 제출해보기로 하고 자료를 수집하였습니다. 액세서리 패키지에 로고가 결합된 상표가 표시된 이미지, 상표가 표시된 매장 디스플레이 사진 뿐만 아니라 로고가 결합되지 않은 상표가 표시된 홈페이지와 룩북도 같이 제출했습니다.

그리고 천만다행으로 몇 년 전에 온라인 자사몰을 통해서 중국 개인이 드레스를 직구해서 중국으로 배송했던 사례가 몇 건 있어서 당시의 주문확인서와 제품상세화면, 국제우편 송장 사본을 함께 제출했습니다. 홈페이지에 게시된 모자, 티셔츠 등의 이미지도 함께 냈고요. 만약 심판청구인이 상표의 동일성이나 날짜에 대해 문제 삼는다면 심판관 판단에 따라 사용이 인정될 수도 있고 인정되지 않을 수도 있었습니다.

하지만 다행히 답변서 제출 후 심판관은 불사용 등록취소심판을 1차 기각하였고, 심판청구인이 이에 복심하지 않으면서 심판은 그대로 종결되었습니다.

보떼바깡은 현재 실제 사용하는 상표에 대해 액세서리와 의류, 가방 등에 한번 더 중국에 상표등록을 했습니다. 이미 유사상표를 가지고 있으니 이번에는 등록이 될 테니까요. 그리고 앞으로는 등록상표를 사용하고 있다는 사실을 보일 수 있도록 거래서류와 홍보자료를 잘 준비하게 될 것 같습니다. 다들 한번 겪어봐야 제대로 하시더라고요.

"와, 이거하려고 3년을 기다렸나봐요. 뒤끝있네.."

"심증은 가는데 물증이 없네요"
- 러시아 상표 회수 실패기 -

2022년 가을, 수출에이전트 ㈜브로드커넥티드에서 새로 런칭하는 ㈜코스메띠끄의 새 기초 화장품 브랜드를 러시아로 유통하려는데 상표 이슈가 생겼다며 급하게 방문하였습니다.

㈜코스메띠끄는 국내에서 제일 큰 화장품 제조사의 자회사로, 새 브랜드는 런칭한 지 1년도 안 되었지만 2년 전부터 국내상표 등록과 이를 기초로 하는 국제상표등록도 다 갖춘 상태였는데요. 문제는 러시아를 지정한 국제상표등록의 심사결과가 이제서야 나왔는데, 완전히 동일한 선출원 상표가 등록까지 완료되

어 있다는 거절이유가 나온 것입니다.

(주)브로드커넥티드는 러시아 및 CIS 국가에 국내 화장품을 유통하는 것을 전문으로 하는 회사였는데, (주)코스메띠끄와 새 브랜드를 러시아에 유통하기로 하고 수 개월에 거쳐 러시아 내 유통사와 협상을 진행해 3자 계약서까지 다 작성한 후 계약서에 서명하기 직전이었습니다. 그런데, 러시아 유통사에서 시간을 좀 끌더니 상표 문제를 한번 검토해달라고 요청했고, 확인해보니 상표에 큰 문제가 있었던 것이죠. 그것도 (주)코스메띠끄의 국제상표등록일과 불과 2개월 밖에 차이가 나지 않는 선출원 때문에요.

(주)코스메띠끄는 (주)브로드커넥티드와 수출 계약을 진행 하기 전에 러시아 내 여러 유통사에 직접 접촉하여 샘플도 보내고 자체적으로 러시아 유통을 해보려고 노력했던 모양이었습니다. 샘플을 보냈던 유통사 중에 선출원 상표권자도 있었고요.

상표가 조어상표인데다 지정상품도 기초화장품 위주로 완전히 동일하고 샘플을 보냈던 회사가 출원인이니, (주)코스메띠끄는 선출원 상표권자가 새 브랜드 런칭 사실을 알고 모방해서 상표출원을 한 것으로 의심하지 않을 수 없었습니다.

하지만 러시아에서는 아직 정식으로 제품이 유통되지도 않아 브랜드가 사용되기 전이고, 한국에서도 이제 런칭한지 1년도 안된 브랜드여서 국내 소비자들에게도 그렇게 널리 알려져 있지도 않았습니다. 또, 상표도 조어상표라고는 하나 원래 있던 2개 단어를 조합해서 만든 것으로 특별히 창작성이 있거나 디자인된 로고가 결합된 것도 아니라서, 우연의 일치로 같은 상표가 출원된 거라고 볼 수도 있었고요. 모방 상표출원이라는 심증은 가는데 이 정도로는 러시아에서 상표등록을 무효로까지 할 확실한 물증은 없는 셈이었습니다.

이런 경우 할 수 있는 것은 상표등록 무효심판을 청구한 후 모방 상표권자에게 상표등록 취하나 양도를 요청해서 협상과 법적 절차를 한 번에 진행하는 것인데요. 등록무효심판의 성공가능성이 낮으니 자연히 취하나 양도 요청도 강하게 하기 어려웠습니다.

게다가 조사해보니 선출원 상표권자는 러시아 5대 화장품 유통사 중 하나로 연매출이 2조에 달하는 대기업이었습니다. 한국의 올리브영 같은 회사였던 거죠. 이 정도 규모의 회사에서 왜 (주)코스메띠끄의 브랜드를 출원했는지 의문이 생기지 않을 수 없었습니다. 취급하는 브랜드도 워낙 많고 그 중에는 자체 제조해서 판매하는 것도 있어서 여러모로 (주)코스메띠끄에게는 불리한 정황이었습니다.

이런 상황에도 불구하고, 러시아에서는 전쟁 특수로 글로벌 화장품 브랜드를 대체할 수 있는 한국 화장품이 엄청나게 각광받기 시작했습니다. 당시 우크라이나-러시아 전쟁으로 인해 글로벌 브랜드들이 전쟁에 반대하며 러시아에서 제품/매장 등을 철수하기 시작했고, 그 빈틈을 채우고자 한국 제품들의 인기가 엄청났었거든요. (주)코스메띠끄 입장에서는 러시아 시장을 그대로 포기하기에는 아쉬움이 너무나도 컸습니다. 그대로 포기할 수도 없고, 그렇다고 성공가능성도 낮은데 큰 비용을 들여 외국에서 상표 분쟁을 하기도 어려운 아주 곤란한 상황이었죠.

고민 끝에 우선 협상과 등록무효심판을 모두 진행하되 정부지원을 받아서 진행해보기로 했습니다. 해외상표분쟁비용을 지원하는 기관에서 마침 사업공고가 나온 것이 있어서 지원신청을 하는 한편, (주)코스메띠끄에게는 확실히 샘플이 선출원 상표권자에게 전달이 된 것인지 확인할 수 있는 명확한 자료를 요청하였습니다. 그거라도 있어야 선출원 상표권자가 '알고' 출원했다는 주장을 할 수 있으니까요.

우선은 부족한 자료로나마 국내 상표 사용 자료와 러시아로 보냈던 샘플들에 대한 자료로 등록무효심판을 청구했습니다. 러시아 대리인도 이 정도 자료로 등록무효는 쉽지 않을 거라며 더 많은 자료를 달라고 계속해서 요청했지만 줄 수 있는 자료가 별로 없었습니다. 이제 런칭한지 1년인데다 처음부터 수출을 염두에 두고 만든 브랜드라 국내사용자료도 변변치 않았고, 샘플을 러시아로 보냈던 사실을 보일 수 있는 자료도 우편발송목록과 송장 스캔 정도만 있었고요.

게다가 선출원 상표권자에게 보냈다던 샘플은 (주)코스메띠끄에서 직접 발송한 것이 아니라 러시아 내 다른 유통 에이전트를 통해서 보낸 것이었습니다. 중간 유통업자가 또 있었던 것이죠.

2장. Be brave, professor.

그런데, 그 중간 유통에이전트는 처음에는 선출원 상표권자 회사에 샘플을 보냈던 사실을 보일 수 있는 자료를 보내주겠다며 매우 협조적이더니, (주)코스메띠끄와 선출원 상표권자 사이에 정말로 상표 분쟁이 생기자, 이제는 아예 아무런 회신도 안 하기 시작했습니다. 중간 유통에이전트 입장에서는 (주)코스메띠끄보다 오히려 선출원 상표권자 회사가 훨씬 큰 거래처이니 이해가 안 되는 것은 아니었고요.

등록무효심판은 청구했다는 사실에 만족하기로 하고, 상표권자와의 협상에 온 힘을 기울여 볼 수밖에 없었습니다. 모든 것이 불확실하고 불안한 상태였죠.

그런데, 그거 아시나요? 누군가와 협상을 하려면 재밌게도 협상의 내용보다 더 중요한 것이 연락처를 알아내는 일입니다. 요즘 시대에 우편으로 요청을 할 수는 없으니까요. 하다못해 이메일 주소라도 확보해야 합니다. 문제는 상표권자가 너무 큰 회사라 연락처가 도대체 파악이 안 되는 겁니다. 홈페이지와 기업정보를 아무리 검색해 봐도 그 흔한 전화번호, 이메일 주소 하나 없었습니다. 차라리 작은 회사였다면 고객센터에라도 문의해서

"심증은 가는데 물증이 없네요"

어떻게든 연락을 시도할 텐데, 아무튼 연매출 2조의 한국의 올리브영 같은 회사라니까요. 상표권자에게 직접 연락하는 것은 포기하고 러시아 거래처를 통해서 상표권자의 대리인에게 연락을 해보기로 했습니다.

그런데, 몇 주가 지나도록 아무런 답이 없네요. 다시 한번 보냈는데 여전히 답이 없습니다. 여러 번 리마인더를 하고 전화까지 하니 답이 오기를 '상표권자에게 연락은 했는데 지시가 없어서 답을 안 하고 있다'고만 하는 것입니다. 어쨌든 상표권자가 알고는 있다고 확인은 했으니 그걸로 되었습니다. 하지만 협상이 더 이상 진행이 안 되니 어떻게 해야 할지 고민만 깊어져 갔습니다. 러시아 거래처도 자기들은 더 이상 할 수 있는 것이 없다고 하고요.

그러다 문득 평소 알고 지내는 (주)글로벌라인에서 최근 우즈베키스탄에 지사를 냈다는 이야기를 들은 기억이 났습니다. (주)글로벌라인 역시 (주)브로드커넥티드처럼 한국 화장품을 해외에 유통하는 것을 전문으로 하고 있었는데, 일본과 러시아 및 CIS 국가가 주력이었고 그래서 일본과 우즈베키스탄에 법인을 설립

할 예정이라, 그 전에 지사를 만들었다고요. 평소 잘 알고 지내던 (주)글로벌라인 이사님께 좀 도와달라고 부탁하기로 했습니다.

(주)글로벌라인의 우즈베키스탄 현지 직원에게 러시아 유통사들에 수소문해서 상표권자와 연락을 부탁했습니다. (주)코스메띠끄를 대신해서 연락한다는 말은 하지 말고, '한국 화장품을 러시아에 유통하는 개인사업자인데, 한국 신규 화장품 브랜드 중에 이 상표가 있어서 유통을 좀 해보고 싶다. 알아보니 러시아 상표권자가 따로 있어서 연락을 했고, 혹시 상표를 양도 받을 수 있으면 제품 유통에 큰 도움이 될 것 같다'고 물어봐 달라고요.

현지 직원이 어떻게 했는지 상표권자의 상표 담당자와 통화가 되었고 여러 번 이야기가 오고 간 끝에 상표권자는 결국 '상표권을 양도할 생각이 있기는 하다'고 하였습니다. 가격만 맞으면 협상이 될 것도 같았지요.

그런데, 이번에는 가격이 문제였습니다. 4억을 부르더라고요.

아무리 한국 화장품 브랜드라지만 상표권 매매가 4억은 너무 높은 가격이죠. 3천만원 정도면 적당할 것 같았습니다. 현지 직원을 통해 이제 막 사업 시작하는데 4억은 너무 높다고 조정을 요청해 보기로 하고, (주)코스메띠끄에게는 협상 테이블에 상표권자를 앉혔으니 이제 협상을 시작해보자고 했는데요.

그 사이 (주)코스메띠끄 내부에서는 러시아 시장에 진입을 해야 하는지에 대해 많은 이야기가 오고 간 모양이었습니다. 또 상표권 매매가가 너무 크니 협상이 타결될지도 의문이고 아직 러시아 시장에서의 가능성이 검증되지도 않았는데 상표비용으로 큰 비용을 지출하기가 부담스러웠던 모양이에요.

안타깝게도 상표권자를 협상테이블에까지 앉혀 놓았지만, (주)코스메띠끄는 러시아에서는 상표를 변경하기로 결정하고, 모든 협상과 심판을 포기하기로 하였습니다. 러시아 시장에 아예 진입도 안 했으니 포기도 쉬웠나 봅니다. 수 개월 뒤에는 상표등록무효심판도 결국 기각되어서 이 건은 결국 협상도 심판도 모두 실패한 사례가 되어버렸습니다. (주)코스메띠끄에게는 상표이슈 말고도 러시아에서의 기대 매출이나 회사 내부상황 등 많은 사정이 있었을 테니 어쩔 수 없는 일이었죠.

그래도 조금만 더 해보았으면 될 수도 있지 않았을까 싶은 아쉬움이 아직 들곤 합니다.

"이 건 좀 너무 하는데요?
대응해야겠습니다"

- 유럽 예상치 못한 이의신청 -

미국이나 유럽에서는 정기적인 상표 모니터링을 통한 상표 관리가 일상적입니다. 특히 유럽의 경우 상표법 시스템 자체가 식별력만 있으면 우선 상표출원을 공고하고 이의신청이 들어오면 그때서야 선행상표와의 유사여부를 판단하니 상표관리를 제대로 하려는 기업이라면 상표모니터링을 할 수밖에 없습니다.

유럽특허청이 선행 상표권자들에게 유사 상표 출원 사실을 알려주기는 하지만 프로그램으로 기계검색을 해서 보내주기 때문에 신뢰도가 낮습니다. 그래서 유사한 타사 상표가 등록되기 전에 자주 들여다보면서 등록을 저지해야 할 필요가 있습니다. 실제로 유럽의 상표 변리사가 한 해 동안 신청하는 이의신청이 300건이 넘는다고 합니다. 그만큼 일상적으로 자주 상표출원을 모니터링하고 이의신청 합니다. 특히 글로벌 대기업들은 언제든지 세계 어느 나라에든 진출할 수 있으니 세계 각국에서 상표를 계속 모니터링하고 관리합니다.

그 덕분에 우리 기업도 유럽에 상표출원을 했을 때 이의신청을 자주 당합니다. 출원 전에 어느 정도 유사검색을 하고 출원하지만, 상표 유사는 판단의 문제고 이의신청은 선상표권자 마음이니까요. 그 중에는 정말 유사해 보이는 경우도 있지만 전혀 유사하지 않은 경우도 자주 있습니다.

기간이나 비용, 실제 유럽시장 진출 가능성을 고려해서 대응을 포기하고 출원을 취하해 버리는 기업도 많지만, 실제 유럽에서 이미 사용되고 있는 브랜드고 다퉈볼 만하다고 확신이 드는 경우에는 대응합니다. 유럽 상표 이의신청 비용이 적진 않지만 그렇다고 유럽시장을 포기할 정도로 많이 드는 것은 아니니까요.

"이 건 좀 너무 하는데요? 대응해야겠습니다"

(주)알파디벨로는 열쇠나 보석에 글자를 각인하는 각인기를 전문 생산해서 판매하는 회사였는데요. 정밀한 기술을 요하는 제품으로 국내보다는 일본, 미국, 유럽에서 더 큰 매출을 올리고 있었습니다.

하지만 기술이 중요한 제품이다보니 상표등록은 상당히 늦어서, 2014년에야 국내에 상표등록을 마치고 국제등록으로 여러 국가를 지정해서 출원을 했습니다. 그런데 유럽에서 상표출원에 예상치 못하게 이의신청이 들어온 것입니다.

그런데 이의신청 이유가 참 납득이 가지 않게도 M 글자 하나가 유사하다는 이유였습니다. (주)알파디벨로의 브랜드는 디자인한 M로고를 크게 상단에 배치하고 아래에 상표를 일렬로 넣은 구성이었는데, 그 M자가 자신들의 브랜드 중 하나와 유사하다고 이의신청을 한 것입니다.

알파벳의 경우 글자수가 제한되어 있기 때문에 독점할 수 없고 식별력 없다고 보는 것이 세계적인 상표 심사 관행입니다. 우리나라의 경우 영문 2글자까지 식별력이 없다고 보고 있고, 다른 나라들은 2글자는 있다고 보기도 하고 없다고 보기도 하지만, 한 글자 알파벳을 식별력 있다고 보는 경우는 없습니다. 너무 큰 독점권을 주게 되니까요.

하지만 알파벳 한 글자를 잘 디자인하면 그 로고는 등록이 가능합니다. 디자인된 알파벳 한 글자를 상표로 보는 거죠. 단, 그렇게 등록하더라도 상표권은 등록상표의 디자인과 동일하거나 아니면 외관적으로 상당히 유사한 범위까지만 미치는 것이지, 알파벳 한 글자가 공통된다고 해서 유사는 아닙니다. M 글자 자체는 독점이 안 되고 다만 디자인된 M에 상표권이 있는 겁니다.

㈜알파디벨로의 M로고와 상표권자의 M로고는 당연히 그 디자인이 전혀 달랐습니다. 도저히 유사로 보기는 어려운 상황이었죠. 그럼에도 상표권자는 이의신청 예고 통지를 했고 상표가 도저히 유사하지 않은 것 같은데 더 이상 분쟁을 만들지 말고 이의신청 취하하라고 이메일까지 보냈는데도 상표권자는 이의신청을 강행했습니다. 아마도 각인기라는 시장이 매우 작으니 비록 디자인은 다르지만 ㈜알파디벨로의 상표가 그대로 등록 된다면 출처 혼동이 있을 수 있다고 판단한 모양입니다.

"이 건 좀 너무 하는데요? 대응해야겠습니다"

(주)알파디벨로서는 황당한 노릇이었지만 이미 유럽에 제품이 유통되고 있는 상황에 상표를 포기하기는 어려웠습니다. 어쩔 수 없이 상표권자가 제기한 이의신청에 답변했고 약 2년 뒤 이의신청은 기각되어 (주)알파디벨로의 상표는 최종 등록되었습니다. 이의신청 기각으로 상대방 상표권자에게 이의신청 비용 배상청구도 해서 얼마 안 되는 비용이지만 약간의 비용도 보전 받았고요.

하지만 그 액수가 너무 적어서 그 사이 (주)알파디벨로가 지출한 비용의 1/20도 안 되는 금액이었습니다. 상표권자의 어이 없는 이의신청으로 인한 손해는 (주)알파디벨로가 부담하는 수밖에 없었죠. 그렇지만 이의신청비용 때문에 대응을 포기한다면 더 큰 불상사가 생길 수 있으니 어쩔 수 없었습니다.

(주)코스메드 역시 수용하기에는 너무 납득이 안 가는 이의신청을 유럽에서 받았습니다. (주)코스메드는 한국 화장품을 해외에 유통하기도 하고, 자체 브랜드도 운영해서 유통망을 통해 직접 판매하기도 했는데요. 브랜드 POINTED가 여러 국가에서 너무 많은 거절이유를 받자 그 대안으로 알파벳 P 한 글자를 모티

브로 한 다양한 로고디자인을 상표등록해서 패키지 여기저기에 사용해서 간접적으로 브랜드를 보호하고 있었습니다.

그런데 유럽에서 P로고 디자인에 대해 이의신청이 들어온 것입니다. 선권리자가 유사로 주장하는 상표는 P에 2글자 숫자를 결합한 것이었습니다. 알파벳 한 글자나 2글자 숫자 모두 독점할 수 없고 식별력이 약한 경우에 해당하므로 선권리자의 상표는 P와 2글자 숫자를 결합한 전체로 독점권이 있고 유사 판단을 해야 하는데, 단지 알파벳 P가 유사하다고 이의신청을 제기한 것입니다.

이미 사용 중인 브랜드기도 하고 이의신청 이유 역시 그대로 수용할 수는 없는 경우라 (주)코스메드는 당연히 이의신청에 대응했고, 이의신청은 상표가 유사하지 않고 혼동가능성 없다는 이유로 기각되었습니다. 이의신청인은 포기하지 않고 한 번 더 이의기각 결정에 대해 불복했지만 다시 한번 기각되어 그대로 확정되었습니다.

해외에서 브랜드를 운영 중인 기업이라면 상표 분쟁에 대해서

"이 건 좀 너무 하는데요? 대응해야겠습니다"

도 어느 정도 각오를 해야 합니다. 제품 허가, 에이전트와의 계약, 유통망 관리 등 어느 하나 쉬운 일이 없지만 상표에 대해서도 언제든지 도전이 들어올 수 있습니다. 하지만 너무 겁먹을 필요는 없습니다. 대부분의 경우 시간과 비용의 문제일 뿐이니까요.

"애초에 싹을 잘라 버리는 게 맞는 것 같아요"

- 상표 모니터링의 필요성 -

기업이 다른 기업과 무조건 싸우는 경우는 대개 2가지입니다. 누군가로부터 공격이 들어왔거나 내 권리를 지킬 수 없게 된 때죠. 이 두 가지는 절대 참지 않습니다. 하지만 적극적인 예방은 잘 안하는 경우가 많습니다.

예를 들어, 유럽특허청에서는 상표가 출원되었을 때 기계 검색을 통해 유사로 판단될 수도 있을 만한 선상표권자들에게 상표 출원 사실을 알려주고 이의신청을 할 기회를 줍니다. 대부분 상표를 유사로 보기 힘들거나 상품도 너무 다른 경우가 많지만,

가끔은 정말 그대로 등록된다면 유럽 시장에서 소비자들에게 혼동을 줄 수도 있을 만한 상표인 경우도 있습니다. 그런데도 우리 기업 중 열에 아홉은 이의신청 등 적극적인 액션을 취하기보다는 그대로 방치합니다. 유럽에 이미 상표권이 있으니 유사상표가 좀 등록되더라도 상표를 사용하는데 지장만 없다면 된다는 거죠. 상표등록의 목적을 독점권 확보가 아니라 사용 가능성 확인에 두고 있는 셈입니다.

하지만 상표등록은 타인의 상표등록을 저지하고 사용을 막는 데 그 목적이 있는 것이지 사용을 보장받기 위한 것이 아닙니다. 거칠게 말하면 상표등록이 있어도 타인 권리를 침해할 수 있고 그 경우 상표는 사용할 수 없습니다.

또한, 그렇게 유사상표의 등록을 방치하면 유사상표가 동종상품에 공존하게 되어 소비자들은 어떤 회사가 만든 제품인지 혼동할 수도 있습니다. 타사가 브랜드를 어떻게 쓰느냐에 따라 브랜드 이미지가 훼손되고 가치를 떨어뜨릴 수도 있죠.

(주)아이즈피크는 인조속눈썹 전문 제조사입니다. 오랫동안

OEM으로 제조만 하다가 8년 전부터는 직접 브랜드 제품을 제조하기 시작했습니다. 대표 제품인 로얄아이블은 인조 속눈썹 셀프 키트로 소비자가 집에서도 쉽게 인조 속눈썹을 붙일 수 있도록 눈썹영양제와 눈썹용 글루, 집게 등을 포함한 제품이었는데요. 가지고 있던 유통 네트워크를 활용하고 교육사업에도 연계를 한데다 기존에 없던 새로운 컨셉의 제품이라 시장 반응도 좋았고 수출도 꽤 잘 되었습니다.

그런데 키트세트라는 것이 특별한 기술이 있는 것도 아니고 한 박스에 관련 용품들을 한 번에 넣은 것 뿐이라, 곧 로얄아이블과 상표만 달리하고 패키지 디자인과 제품 컨셉까지 그대로 따라한 모방품이 나왔습니다. 마케팅을 할수록 모방품이 더 잘 팔리는 결과가 된 거죠. 그걸 정리하느라 가처분 신청에 고소까지 하는 등 (주)아이즈피크는 한동안 꽤 애를 먹었습니다. 결과적으로 고소는 불기소 되고 가처분신청도 일부만 인정되어서 모방품을 완전히 막는 데는 실패했습니다. 그래도 부지런히 실용신안, 디자인, 상표권을 등록해둔 덕분에 경쟁사가 적극적으로 시장에 진입하는 것을 막을 수 있었는데요.

"애초에 싹을 잘라 버리는 게 맞는 것 같아요"

그 사건을 계기로 (주)아이즈피크는 지식재산권에 대해서 크게 각성했습니다. 신제품이 나오면 실용신안이든 특허든 디자인이든 상표든 등록가능한 모든 지식재산권을 등록하는 것이 좋다는 것을 절실히 깨달은 것입니다. 권리야 있어야 시간이라도 끌어볼 수도 있으니까요.

또한, (주)아이즈피크는 모방품이 가장 큰 매출이 나오고 있는 중국에서도 얼마든지 나올 수 있다고 판단하고, 중국에서는 더욱 지식재산권 관리를 적극적으로 하기로 했습니다. 특히 신규성이나 창작성을 묻지 않는 상표권의 경우는 언제든지 모방 등록이 생길 수 있으니 3개월에 한 번씩 정기적으로 출원상표를 모니터링하여 동일상표가 다른 분류에라도 출원되거나 유사상표가 동종상품에 출원되었을 때는 그 등록을 저지하기로 했습니다. 실제로 심사관이 놓친 유사상표가 걸러져서 이의신청을 한 적도 있었고요.

비건 화장품 브랜드인 (주)디배드코스의 경우도 정말 적극적으로 상표관리를 하는 기업입니다. 연 매출 120억 정도로 이제 막 크게 성장하고 있는 브랜드인데요. 화장품 시장은 워낙 경쟁이 심하고 유사상표도 많아서 일단 한번 심사를 통과한 상표는 이의신청이나 등록무효심판을 통해 등록을 저지하기가 쉽지 않은데도 조금이라도 유사한 상표는 등록을 못하게 하겠다는 것입니다.

(주)디배드코스는 국내뿐 아니라 미국에서도 지속적으로 메인 브랜드와 동일하거나 유사한 상표가 출원되지 않은 지 모니터링을 하고 있고, 심사를 통과해서 공고되면 반드시 이의신청을 통해 등록을 막습니다. 미국은 이의신청이 거의 소송처럼 진행이 되어 기간도 길고 비용도 꽤 듭니다. 그러나 일단 유사상표가 한번이라도 등록까지 허여 되면 그 이후에는 유사한 상표가 더 많이 등록될 수 있고 그러면 거기에 편승하는 브랜드들이 많아집니다. 그러니, 사전에 싹을 잘라버려야 한다는 것이 (주)디배드코스의 굳건한 생각입니다. 다행히 아직까지는 유사상표가 공고되는 경우가 많지 않았고 본격적으로 이의신청을 제기하기 전에 출원을 취하해달라는 요청문을 보내는 것만으로도 많은 출원인들이 출원을 취하하거나 포기하곤 해서 실제로 이의신청이 제대로 진행된 것은 한번뿐입니다.

"애초에 싹을 잘라 버리는 게 맞는 것 같아요"

모니터링(monitoring) 또는 워칭(watching)이라고 하는 이 적극적인 상표 관리를 미국이나 유럽의 기업들은 일상적으로 하고 있습니다. 제품이 실제로 판매되고 있지도 않고 별로 유사하지도 않은 상표라도 권리자 생각에 이대로 등록되면 브랜드 관리에 문제가 있을 수 있다고 판단되면 출원 취하하라고 요청문도 보내고 상표출원이 공고되면 이의신청도 하는 등 적극적으로 등록저지에 나섭니다.

한번은 K한글자를 디자인한 상표 출원에 대해 켈로그사에서 이의신청을 한 적도 있었습니다. 켈로그의 K시리얼과 유사하다고 판단한 모양이었는데 K자체는 독점이 안 되고 로고디자인이 서로 다르니 당연히 이의신청은 기각되었지만, 미국 기업은 이 정도로까지 상표 관리를 하는구나 새삼 감탄했습니다.

가끔은 정말 깜짝 놀랄 만큼 적극적으로 상표관리를 하기도 합니다. 벌써 오래 전인 2011년 중장비 전문기업인 (주)헤비이큐에서 유럽 진출을 새해 신사업으로 계획하고, 유럽에 상표출원을 했는데요. 유럽은 선행상표 심사 없이 식별력이 인정되면 바로 출원공고 되니 출원 후 몇 달 되지 않고 상표가 공고되었고,

이의신청은 거의 들어오지 않으므로 이제 곧 등록될 것으로 생각하고 영문 홈페이지에 우리 회사가 곧 유럽에 진출할 예정이라고 작게 공지를 한 모양이었습니다.

문제는 (주)헤비이큐 상표와 유사로 볼 만도 한 상표를 가진 선권리자가 있었던 것인데요. 통상 이런 경우 선상표권자는 이의신청기간을 연장하면서 요청문을 통해 '**출원을 취하하지 않으면 이의신청 하겠다**'고 사전에 고지를 하는 것이 관행입니다. 비용이 많이 드는 법적 절차보다 많이 선호하는 방법입니다.

그런데, 이 상표권자는 어떤 요청문이나 이의신청예고통지도 없이 바로 독일법원에 상표 사용금지 가처분을 신청해버렸고 가처분이 결정되어 버렸습니다. 영문 홈페이지에 상표 사용 예정을 공지한 것을 근거로 삼아서요.

아마도 이전부터 경쟁관계에 있었기 때문에 바로 법적 조치를 취한 것이라고 보이기는 합니다만 정말 예외적인 경우였습니다. 독일상표법은 상표가 사용 중이거나 또는 사용 예정인 경우 상표권자가 신청하면 2주 이내 사용 금지 가처분 결정을 하

"애초에 싹을 잘라 버리는 게 맞는 것 같아요"

고 이후는 본안소송을 통해 상호 간에 다투도록 하고 있습니다. 그래서 (주)헤비이큐는 가처분이 신청된 사실도 모르고 대리인 선임도 되지 않은 상태에서 상표 사용 금지 가처분을 결정 받은 것입니다. 결정문이 국제우편으로 송달되자 그때에야 가처분 접수 사실을 알았으니까요.

문제는 (주)헤비이큐가 그 동안 대기업 벤더사로 내수 시장에서만 매출을 올려온 회사고 이제 막 유럽을 시작으로 해외 시장에 진출해보려고 한 상태였다는 것입니다. (주)헤비이큐의 경영진 누구도 해외에서 상표 분쟁을 해본 경험이 없으니 갑작스런 상표 사용금지 가처분 신청에 어떻게 대응해야 할지 제대로 방향을 잡지 못했습니다.

상표 자체의 유사만 보자면 본안에서 충분히 비유사를 인정 받을 수 있습니다. 하지만 상표 유사는 판단의 문제이니 성공가능성을 확신하기 어렵고 무엇보다 독일에서 상표소송을 하기에는 그 비용이 너무 부담이 되는 것이죠. 결국 (주)헤비이큐는 안타깝게도 더 다투지 않고 가처분결정을 수용해버렸습니다.

그런데, 그렇게 가처분결정을 수용하고, 요구대로 상표출원을 취하하는 등 상표를 포기하는 데만 2천만원이 넘게 들었습니다. 2군데의 유럽 상표변호사에게 의견을 묻고 가처분 결정에 따라 상대방 소송비용도 전부 배상해야 했거든요. 상표출원도 취하하고 유럽시장 진출을 포기했으니 남은 것이 하나도 없이 비용만 들이고 큰 수익을 놓친 셈입니다.

가끔 법적으로 옳거나 타당한지 보다 누가 더 적극적인지가 승패를 가르는 것 같은 생각이 들 때가 있습니다. 얼마나 끈질기게 매달리고 해내려고 노력하는지가 더 중요한 것 같기도 하고요. 적극적으로 공격을 하는 것이 어쩌면 빠르고 효율적으로 권리를 지키는 방법이 될 수도 있습니다. 기업이 소극적으로 상표를 관리하다 보면 결국 돌고돌아 그 손해는 다시 기업으로 오게 되더라고요.

"이렇게까지 따라하면 곤란하죠"

- 싱가포르 가품 해결 어떻게 했었나 -

2019년의 일입니다. (주)글로벌네트웍스의 해외마케팅 팀에서 인스타그램에 자사 브랜드와 너무 비슷한 계정 이름이 있는데 어떻게 할 수 없는지 문의를 해왔습니다. the가 있고 없고의 차이만 있고 완전히 같았거든요.

상표권은 속지주의가 원칙인데 인스타그램은 국적이 없고 인스타그램 계정이 상표라고 하기도 어려우니 아무것도 못하지 않을까 싶지만 혹시나 해서 물어보신 거죠. 아마도 인스타그램 계정을 오픈하려고 알아보다 발견하신 듯 했습니다.

인스타그램 계정은 일종의 예명이라, 상표라고 하기도 애매하고 누구나 완전히 동일한 이름만 없으면 먼저 등록해서 사용하면 되는데다, 설사 상표권을 행사한다 해도 어느 나라의 상표권으로 제재가 되는지도 애매합니다. 인스타그램은 미국 회사고 계정 정보는 미국서버에 있을 테니 미국 상표권으로 미국법원에 사용금지 해달라고 해야 하나 싶기도 하다가도 계정소유자는 전 세계 여기저기에 있으니까요.

그런데, 조금 더 조사를 해보니 해당 계정 소유자인 PINO사는 인스타그램 계정만 등록한 것이 아니었습니다. 홈페이지 자사몰에서 기초 화장품을 판매 중이었는데, 제품이 (주)글로벌네트웍스 제품과 컨셉, 제품 용기 디자인이 완전히 같았고, 브랜드도 매우 비슷했습니다.

(주)글로벌네트웍스의 제품은 1개 앰플에 1개 성분의 원료만 들어있는 제품을 세트로 구성하고, 유저가 매일 스스로의 피부 상태에 따라 앰플을 조합해서 사용하는 방식이었습니다. 화이트닝과 보습이 필요하면 알부틴과 콜라겐을, 주름개선이 필요하면 레티놀을 섞어서 쓰는 거죠. 제품 용기 뚜껑에 스포이드가

결합되어 있어서 필요한 앰플을 손바닥에 한두방울씩 떨어뜨려 섞을 수 있게 했고요. PINO사는 이 방식을 그대로 차용하고 브랜드에서 the 만 빼고 상품을 만든 거죠.

그런데 PINO사의 홈페이지만으로는 PINO사의 정체를 확인하기가 어려웠습니다. 도메인주소가 co.kr인데다 제품 상세 페이지에는 made in Korea로 표시되어 있어 한국 회사인가 싶었는데, 연락 정보에는 싱가포르 주소가 있었고, 홈페이지 하단의 권리자 정보에는 아무런 명칭도 주소도 없었습니다. 상대방을 특정해야 요청문을 보내든 소송을 하든 할텐데 어디 있는 누구인지 확인하기가 어려우니 뭘 할 수가 없었죠.

(주)글로벌네트웍스에서 모든 인력을 동원해서 열심히 알아보더니, 온라인 쇼핑몰 쇼피에서 PINO사 제품이 판매되는 것을 찾아냈습니다. 제품을 올린 지는 얼마 안된 것 같았고요. 그리고 싱가포르와 말레이시아에서 PINO사 제품이 유통되는 것 같다는 현지 에이전트의 제보도 들어왔습니다. 제조사는 파악이 어렵다고요.

혹시하고 싱가포르 특허청에서 상표조회를 해보았습니다. 그런데, 뜻밖에도 이제 막 공고된 PINO사의 브랜드가 검색되었습니다. 상표공보에는 이의신청을 위해 상표 출원인의 명칭과 주소, 그리고 대리인 정보를 공개하기 대문에 PINO사가 싱가포르의 한 회사라는 것을 확인할 수 있었습니다. 다행히 PINO사의 상표는 아직 공고 중으로 이의신청 기간이 한 달 정도 남아 있었습니다. (주)글로벌네트웍스는 국제등록시스템을 통해 싱가포르에 이미 상표등록을 가지고 있는 상태였고요.

급하게 (주)글로벌네트웍스에 이 사실을 알리고 우선 상표등록은 무조건 저지해야 하니 이의신청은 기간 내에 제출하기로 했습니다. 침해자에 대해서는 상표권을 행사할 수 있는 여러 법적 절차를 검토하기로 하고요.

그런데 싱가포르는 이의신청이 민사소송에 준해 진행되어 비용이 만만치가 않습니다. 최소한 3천만 원 이상이 예상되었습니다. 또한, 당장 쇼피 등에서 유사 제품을 판매하는 것도 막아야 할 텐데 싱가포르에서 상표 사용금지 소송까지 하기는 몹시 부담스러운 상황이었죠. 이의신청과 소송을 동시에 진행해야 하니까요.

어떻게 하면 효율적으로 비용을 절감하면서도 침해자의 상표등록도 저지하고 침해품도 사용하지 못하게 할 수 있을까 고민과 상의를 거듭하다가, 이의신청은 우선 신청서만 제출하고 침해자에게 요청문을 보내 상표출원 취하 및 사용금지 요청을 하기로 했습니다. 요청문에서는 브랜드 뿐만 아니라 제품 컨셉, 홈페이지 주소, 인스타그램 계정까지 유사하고 실제 한국산이 아닌데도 'made in Korea'로 표시하는 등 누가 봐도 모방이 명백함을 보이는 자료들을 첨부하였죠.

침해자는 처음에는 상표가 유사하지도 않고 누구나 쓸 수 있는 단어라고 주장했습니다. 하지만, 명백한 침해자료를 제시하며 브랜드부터 제품까지 완전히 모방이고, 소송까지 가게 되면 질게 뻔하고 소송비용까지 전부 배상해야 한다고 반박하자, 결국 상표를 변경하고 출원도 취하하기로 했습니다. 대신 우리도 손해배상청구 등 민사적 절차는 더 이상 취하지 않기로 하였지요. 사용금지만으로 만족하고요.

변경할 상표에 대해 합의서를 작성하고 이의신청 및 출원 모두 취하를 하면서 사건은 생각보다 빠르게 종결되었습니다. 이의 신청서 제출, 요청문 발송과 합의서 작성까지 적지 않은 비용이 소요되었지만, 정식으로 이의신청 하고 침해소송을 하는 등 법적 절차로만 진행했다면 비용은 최소한 5배 이상 들었을 것이고, 기간도 2~3년은 걸렸을 겁니다.

해외에서 제품을 판매하다 보면 이렇게 컨셉부터 브랜드, 용기까지 몽땅 베끼는 경우가 있을 수밖에 없습니다. 침해가 명백한 경우라면 최소한의 법적 절차는 진행하되 당사자 간 합의로 해결하는 것도 적극 고려해야 합니다. 비용을 크게 절감하면서도 훨씬 효과적이거든요. 소송은 결국 모두에게 손해더라고요.

"그래도 할 말은 해야죠"
- 납득할 수 없는 요청문을 받았을 때 -

2021년 겨울, H브랜드에서 갑자기 핀란드 업체로부터 상표 취하 요청문이 왔는데 어떻게 해야 하냐며 문의해 오셨습니다. 산전수전 다 겪으신 대표님이었지만 요청문은 아무리 받아도 받을 때마다 겁도 나고 당황스러운 법인가 봅니다.

그런데, 내용을 살펴보니 상표가 전체 6글자 중 앞 2글자 빼고는 전혀 다르고 뜻도 달라서 대체 왜 유사로 판단하고 요청문을 보냈는지 의문이었습니다. 게다가 본국인 핀란드에서만이 아니라 국제등록에서 일본과 유럽 지정 출원을 취하하고 사용도 하지 말라는 내용이어서 요구를 그대로 수용하는 것은 말도 안 되었습니다.

상표가 너무 비유사하니 요구를 하나도 수용하지 말고 회신문을 보내자고 설득해서, '형태적으로나 발음, 뜻에 있어서나 어느 하나 유사한 점이 전혀 없는데 왜 유사로 침해 우려 주장을 하는지 이해할 수 없고 요구를 수용할 수 없다'는 취지로 영문 회신을 써서 보냈습니다. 이후 아무런 회신도 없이 이의신청 등 어떤 법적 진행도 하지 않은 걸 보니 상표권자는 그걸로 이해한 모양이었습니다.

I브랜드는 독일 회사에서 요청문을 받았는데요. 자사 상표와 철자가 너무 유사하지만, 상품은 대부분 다르긴 하니, 유럽 출원 상품 중 이미지처리 관련 소프트웨어를 삭제하면 이의신청을 하지 않겠다는 내용이었습니다. 어쨌든 r 글자 하나 차이를 제외하면 철자상 유사하기도 하고 삭제하라는 상품이 I브랜드에 중요한 상품은 아니어서, 독일 회사의 요청을 받아들여 유럽 출원에서 상품 일부를 삭제했습니다.

그것으로 일단락되는가 했는데, 2달 뒤인가 이번에는 미국 포함 국제등록 전체에서 아예 해당 상품을 삭제하라고 요구하는 것입니다. 그렇지 않으면 멕시코와 일본에서 이의신청을 하겠다고요. 자신들에게는 독일에만 상표등록이 있으면서 상표권도 없는 다른 국가에서도 상품을 한정하라는 것이었죠. 그건 너무 한다는 생각에, 독일을 제외하고는 우리가 선권리자인데 그런 요구는 이해되지 않고 수용할 수 없다고 회신을 했습니다. 독일 회사는 그 뒤로 아무런 연락도 없습니다. 답은 없지만 그걸로 끝내기로 한 것이겠죠.

물론 납득할 수 없다고 회신한다고 해서 항상 잘 풀리는 것은 아닙니다.

유명 축구 영상 콘텐츠 회사인 S브랜드는 3단어로 조합된 상표를 메인 브랜드로 쓰는데, 축구 매거진을 발행하는 영국 회사로부터 그 중 한 단어가 자사 상표와 동일하므로 상표권 침해 우려가 있다며 요청문을 받았습니다. 국제등록의 영국 및 유럽지정 출원을 취하하고 상표도 사용하지 말라고요. 비록 영상과 매거진으로 미디어 종류는 다르지만 둘 다 축구를 주제로 하는 콘

텐츠를 생산하고 있으니 언젠가 문제가 될 수 있다고 판단한 모양이었습니다.

하지만 영국은 축구 종구국이니 S브랜드가 영국과 유럽에서 상표를 사용하지 못하는 것은 말도 안 되는 일이었습니다. 실제로 S브랜드 대표는 한 달의 절반은 영국에서 지낼 정도로 영국이 정말 중요한 시장이었으니까요.

게다가 3단어 중 한 단어가 동일해서 상표가 유사하다고 하는데, 공통되는 그 단어는 축구 용어여서 독점이 어려운 부분이었으니 더더욱 납득할 수 없는 경우였죠.

하지만 혹시라도 법적 분쟁으로 번지게 되면 상표권 확보 실패로 인한 경영상 타격이 매우 클 것으로 예상되어, 받아들일 수 없다는 회신문을 쉽게 보낼 수는 없었습니다. 조심스럽게 상표가 유사하지 않아 보이는데 이해하기 어렵다고 하는 한편, 우리는 상표를 항상 3단어의 조합으로 사용하는데 그 조건으로 상호 간에 더 이상 상표를 문제삼지 않는 것으로 합의할 의사가 있다고 회신을 보냈습니다.

그러나, 영국 회사는 항상 3단어 조합 상표만 사용해야 할 뿐만 아니라 색상변경도 안 되고 폰트 크기 조정도 안 되며, 상품도 제한해야 한다고 추가적인 요구를 했습니다. 하지만 S브랜드에게는 로고 디자인이라는 것이 앞으로 어떻게 변경될지 어떻게 사용될지도 모르는데 그대로 수용하기에는 너무 과한 요구였습니다. 상품 제한 요청도 받아들이기 어려웠고요. 반 년 이상 협의를 했으나 결국 합의에는 이르지 못하고 협상은 결렬되고 말았습니다. 그 사이 영국 회사는 S브랜드의 영국과 유럽 상표 출원에 대해 이의신청을 제기했고, 유럽 상표 이의신청 절차 특유의 조정기간(cooling-off) 동안에도 합의가 되지 못해 결국 이의신청이 진행 되고 있습니다.

하지만 그렇다고 해도 영국 회사가 요구하는 그대로 수용한다는 것은 상표권 뿐만 아니라 향후 유럽 및 영국에서의 사업 영역에서 제약이 생기는 것입니다. 아무리 이의신청에 실패했을 때의 타격이 예상된다고 해도 미리부터 겁을 먹고 상대방이 요구하는 대로 다 들어줄 수는 없었습니다. 아직 이의신청 결과는 나오지 않았지만, 상표가 워낙 비유사한데다 공통된 단어는 축구 용어인 만큼 좋은 결과가 나올 것으로 바라고 있습니다.

"음.. 상대가 너무 큰데요. 포기하는 게 낫겠지요?"

- 때로는 빠른 포기가 나을 수도 있다 -

(주)에이아이드는 디지털 이미지나 영상 속에 AI로 제품 광고를 추천 및 삽입해주는 프로그램을 핵심 기술로 가진 스타트업입니다. 상표도 그 컨셉에 맞춰서 정했고요. 다소 식별력이 약하긴 했지만, 띄어쓰기를 모두 없애고 전부 대문자로 하여 국내에서는 등록까지 받았습니다.

(주)에이아이드의 제품은 소프트웨어기도 하고 주요 수출 국가가 미국이라 미국에서의 상표등록이 정말 중요했는데요. 처음부터 해외상표등록을 염두에 두고 미국, 유럽, 브라질, 일본을

중심으로 해외상표검색까지 한 후 브랜드를 정하고 국내상표출원을 했고, 국내상표등록이 완료되면 국제등록으로 해외상표까지 진행하기로 하였습니다.

국내상표등록이 확보되자 얘기됐던 대로 총 10개국을 지정하여 국제등록출원을 진행했고, 유럽, 미국 등에서 하나씩 출원이 공고 되면서 큰 이슈 없이 그대로 상표등록이 착착 되어 가는 듯 했습니다.

그런데, 전혀 예상하지 못한 변수가 생겼습니다. 삼성 갤럭시와 함께 세계 스마트폰 시장의 선두주자인 글로벌 거대 기업 A사에서 자사 상표와 유사하다며 이의신청을 제기한 것입니다.

처음에는 유럽에서만 이의신청이 제기되어, 상대방 대리인에게 소프트웨어의 용도를 한정할 의사가 있고 상표 자체도 비유사한 점이 있으니 합의하자고 제안해서 협의도 어느 정도 진행되었습니다. 하지만, 협의가 늘어져서 결론이 잘 나지 않고 있는 와중에, 유럽 뿐만 아니라 미국, 브라질 등 상표가 공고되는 족족 모조리 이의신청을 제기해오는 것이었습니다.

제대로 회신은 안 해주고 출원 전부에 대해 이의신청을 해 오니, 솔직히 겁이 날 정도였습니다. 이제 창업한지 3년도 안 된 스타트업이 정부 지원으로 해외상표출원도 겨우 하고 있는 판에, 그 모든 나라에서 이의신청을 대응할 수는 없었으니까요. 당장 매출을 일으키는 것이 더 중요한 상황에 상표 문제로 발목이 잡힐 수는 없었습니다.

(주)에이아이드는 정말 많이 고민했지만 결국 브랜드를 변경하기로 했습니다. 상대방이 세계 1위 시가총액의 거대 글로벌 대기업이라 자본 면에서 상대가 안 될테니까요. 설사 결국 상표 비유사로 이의신청을 이긴다고 하더라도 그 결과는 상표를 등록하는 것뿐입니다. 그 동안 발생하게 될 비용과 낭비된 시간은 누구도 보전해주지 않습니다.

그리고 이의신청으로 끝난다면 정말 다행이지만, 상대는 자본과 인적 자원이 충분하고도 넘치는 회사이니 원하는 결과를 얻을 때까지 이의결정에 불복하고, 그러고도 등록된다면 무효심판, 심결취소소송까지 다섯 번, 여섯 번씩 마련된 모든 법적인 절차를 밟을 것이 자명해 보였기 때문입니다.

"음.. 상대가 너무 큰데요. 포기하는 게 낫겠지요?"

왠만해서는 납득할 수 없다면 포기하지 말자고 제안하는 편이지만 이번만큼은 기업 상황상 포기하는 편이 나을 것 같았습니다. 다행히 (주)에이아이드는 더 좋은 브랜드를 새로 개발해서 그 브랜드로 더 적극적으로 마케팅 하고 있으니, 그러면 됐다 싶습니다.

(주)맥스티는 티셔츠만 전문으로 제조, 판매하는 기업입니다. 그런데, 별 생각 없이 티셔츠에 유머러스한 슬로건 하나를 인쇄해서 미국의 의류 전문 쇼핑몰에 납품했다가 미국 회사로부터 상표침해금지 요청문을 받았습니다. 슬로건과 미국 상표권자의 등록상표가 동일하기는 했으나, (주)맥스티는 상표가 아니라 슬로건으로 사용한 것이고, 상표권자는 음반제작회사로 의류와는 아무 상관도 없는 업종이어서 요청문에 반박할 여지가 없진 않았습니다.

하지만 쇼핑몰과 계약할 때 모든 법적인 이슈는 (주)맥스티에서 전부 해결하고 혹시 법적 분쟁이 생길 경우 그 일체 비용과 손해배상도 (주)맥스티에서 하기로 계약을 한터라, (주)맥스티는 매우 소극적으로 대응할 수밖에 없었습니다.

다행히 이제 입점한 지 2개월차로 오프라인 매장에서는 한 장도 안 팔렸고, 온라인몰에서만 15장 정도 판매된 정도에 그쳐 제품을 회수하고 더 사용하지 않더라도 (주)맥스티에 큰 타격이 있는 상황은 아니었습니다.

이에 '상표등록이 되어 있는지 몰랐고, 슬로건이라 상표로 생각하지 못했으며, 서로 패션회사와 음반제작회사로 무관한 업종인 것 같지만, 미국에서 법적 분쟁으로 다투기를 원하지 않으며 짧은 기간 동안 극소량 판매한 정도에 그치므로, 제품 전량 회수하고 다시는 상표 사용하지 않을 테니 이 정도에서 끝냈으면 좋겠다'고 회신했습니다.

음반제작사의 대리인 로펌은 판매 수량이 정확히 얼마나 되는지 다시 한번 재확인하더니 고작 15장 판매되었다는 말에 이 건은 더 이상 진행할 이익이 없다고 판단 한 듯 하였습니다. 그 뒤로는 그래서 이걸로 됐냐고 아무리 여러 번 문의를 해도 아예 답변조차 하지 않았습니다. 그걸로 마무리된 것이겠지요.

상표가 유사하냐 비유사하냐, 실제로 상표권 침해 우려가 있느냐 없느냐는 어쩌면 두 번째로 고려해야 할 사항인지도 모르겠

"음.. 상대가 너무 큰데요. 포기하는 게 낫겠지요?"

습니다. 그보다는 분쟁 이슈가 있을 때 버틸 의지와 자본이 있는 지가 더 중요한 문제가 아닐까... 참, 사업하다 보면 별 일 다 있다니까요.

> "어차피 글로벌에서 만나게 될 거,
> 전 세계에서 합의하겠습니다"
> - 글로벌 공존동의 -

처음부터 글로벌리(globally) 상표 공존 협의를 할 생각은 아니었습니다. 유럽의 한 회사가 으레 하는 적극적인 상표 관리의 하나로 생각하고 그에 대응한 것뿐이었습니다. 아주 흔한 일이죠.

이의신청이 들어오면 상표등록이 불안정하여 당장 브랜드 개시가 어려워지고 1년이 걸릴지 2년이 걸릴지 모르는 싸움에 결과도 확실치 않으니 적당히 협상해서 지킬 건 지키고 버릴 건 버릴 생각이었습니다.

그런데, 상표사용형태와 지역적 범위에 대해 좀처럼 의견이 좁혀지지 않았습니다. ㈜아톰시스는 상품 일부 삭제는 수용할 수 있지만 상표사용형태를 제한하는 것은 수용하기 어렵다는 생각이었습니다.

㈜아톰시스는 원자력 발전소 관리용 솔루션을 제공하는 대기업 산하의 자회사로, 사내 벤처로 시작하여 실력을 인정받고 시리즈A까지 투자를 받았습니다. 국내에서는 애초에 고객이 될 기업 자체가 적었기 때문에 창립 초기부터 외국 정부를 대상으로 세일즈를 할 생각이었고, 일찌감치 국내상표등록을 시작으로 국제등록시스템을 이용하여 해외 주요국에 상표등록출원을 했습니다. 25개 국가 정도에서 시장성이 있을 것으로 분석되어 25개국 전부를 한번에 지정하였습니다.

그런데 사전 검토 단계에서 네덜란드의 Delan사의 출원상표와 상표 구성 일부가 동일하여 유럽에서는 문제될 수 있을 것으로 분석되었습니다. 이에, 분쟁가능성을 낮추기 위해 상품을 'AI기술을 기반으로 하는 전력생산 관리용 소프트웨어'로 기술과 용도를 매우 한정하였습니다. Delan사는 자동차 회사였고, 같은 소프트웨어라도 '전기자동차용 소프트웨어, 전기자동차 주행용 소프트웨어'였기 때문에 대부분의 국가에서 비유사로 판단할 것으로 예상했고, 상표 전체로 본다면 비유사로 볼 수 있을 것으로 보았습니다. 혹시 정말 분쟁이 발생한다면 Delan사와 공존협의까지 할 수도 있다는 생각이었고요.

그래서, 유럽에서 상표출원이 공고되고 얼마 안 있어 Delan사가 이의신청 예고 통지를 하면서 상표출원을 취하하라고 요청했을 때 크게 당황하지 않았습니다. 어느 정도 예상했던 일이었기 때문입니다.

Delan사에게 상품의 용도가 전혀 다르므로 실제 시장에서 출처 혼동을 일으킬 우려는 없다고 설명하면서, 상표를 출원한 그대로 사용할 테니 협의문 하나 작성하고 이의신청을 취하해달라고 회신을 하였습니다.

미국이나 유럽에서는 이렇게 이의신청 예고통지나 이의신청 기간연장신청만 해놓고 당사자끼리 사용할 상표의 형태나 상품을 한정한 후 협의문을 작성하고 이의신청은 취하하는 일이 자주 있기 때문에 이 건도 그렇게 진행하려고 한 것입니다.

Delan사가 네덜란드의 자동차 회사로 (주)아톰시스의 모회사만큼 큰 회사는 아니었던 점도 어느 정도 자신 있게 제안할 수 있었던 배경이기도 했습니다.

하지만 너무 쉽게 생각했나 봅니다. Delan사가 상품에 대해서는 더 왈가불가 아무런 말도 하지 않는 대신 상표사용 형태에 대해 매우 구체적으로 협의할 것을 요구해온 것입니다. 양 상표의 공통부분에 대해서는 절대 강조하거나 따로 사용해서는 안 되며, 폰트나 크기도 주요부와 같게 해야 하고, 색상 변경도 할 수 없다는 것이었습니다. Delan사의 출원상표는 버건디 색상으로 되어 있었는데, 향후로도 버건디 색상은 절대 상표에 사용하지 않겠다고 약정서에 명시해달라고도 했습니다.

(주)아톰시스는 출원한 상표 그대로 띄어쓰기나 특정 부분 강조 없이 상표를 사용하겠다고 약정할 수는 있지만 폰트나 글자 크기, 색상은 디자인적인 부분이고 앞으로도 얼마든지 트렌드에 따라 변경할 수 있는데 거기까지 미리 정하는 것은 너무한 것

같다는 거였고요. 상식적으로도 타당한 이야기였는데요.

Delan사에 이런 입장을 전달하면서, 단어 간 띄어쓰기도 하지 않고 공통 부분 강조도 하지 않겠다는 정도로 협의를 마무리하기를 요청했지만 Delan사는 강경하더라고요.

여러 번의 의견 조율 끝에 버건디 색상은 하지 않을 것, 공통 부분은 절대 강조하지 않을 것이며, 상표 전체적으로 동일한 폰트와 크기로 사용할 것으로 합의하면서 이의신청은 취하하고 그대로 유럽 상표 문제는 해결되는 듯 했습니다.

그런데 Delan사에서 이번에는 지역적 범위를 유럽에 한정하지 않고 전 세계로 해서 위와 같이 합의하자는 것입니다. 본국인 한국을 포함해서 말이죠.

(주)아톰시스는 Delan사가 권리를 가지고 있지도 않은 유럽 외 지역에서 상표 사용 형태에 대해 제한을 요구한다는 것이 상식적으로 이해되지 않는다며 더 이상은 양보가 어려우니 강경하게 대응하겠다고 했습니다. 상품이 자동차용 대 발전소 관리 소

"어차피 글로벌에서 만나게 될 거, 전 세계에서 합의하겠습니다"

프트웨어로 용도 자체가 완전히 다르고 상품의 내용과 타겟 소비자도 전혀 다른데 그렇게까지 양보할 수는 없다는 거죠. 몇 달 동안 거의 천만원에 가까운 비용을 쓰면서 협상완료 문턱까지 왔는데 이대로 이의신청으로 진행해야 하나 싶었는데요.

하지만 장고 끝에 (주)아톰시스는 결국 글로벌 협상에 응하기로 결정하였습니다. 어차피 Delan사가 제품을 해외에도 수출할 것이고, 지금은 유럽에서만 문제 되고 있지만 결국은 이 문제가 유럽 외에 다른 지역에서도 계속해서 발생할 수 있다면 이번에 협상하면서 최소한 Delan사와의 상표 분쟁은 더 이상 생기지 않게 마무리를 짓는 것이 낫겠다는 판단이었습니다.

대신 협의서에 빠진 상품의 용도에 대해 한번 더 명시하고, 서로의 글로벌리 상표 사용에 대해서는 이의신청도 침해 주장도 어떤 챌린지도 하지 않을 것이며, 문제가 되고 있는 공통부분과 동일하거나, 유사하거나, 포함하고 있는 일체 상표도 상호 출원 등록 하지 않기로 하였습니다.

결국 이의신청 숙려기간(cooling off) 종료를 목전에 앞두고 간신히 협의 완료하여 이의신청 진행 없이 그대로 사건을 끝낼 수 있었습니다.

미국이든 유럽이든 한번 상표 관련 협의를 하게 되면 결국 전 세계에서의 상표와 상품 사용에 대해 협의하게 되는 경우가 대부분입니다. 내수용 제품이라면 처음부터 해외상표출원을 하지도 않았을 거고, 일단 제품이 수출되기 시작하면 그 이후는 영업력의 문제로 전 세계 어디에서든 판매될 수 있는 거니까요.

다음 번에는 방어적으로 상표공존협의에 응하지 말고 차라리 더 적극적으로 상대방의 상표사용형태와 지역에 대해서도 제한을 시도해보겠다고 생각해봅니다. 결국 우리 기업은 수출을 하지 않을 수 없고 경쟁사와 만나는 곳은 세계 시장이 될테니까요.

"어차피 글로벌에서 만나게 될 거, 전 세계에서 합의하겠습니다"

"다른 건 몰라도 가품이 한국으로
수입되는 건 막아야겠습니다"
- 중국가품 대응기 -

Shield라는 골프스윙연습기가 있습니다. 유명 골프용품 브랜드에서 개발해서 판매하는 제품으로, 로프에 공을 달아서 골프 스윙을 연습할 수 있도록 고안된 간단한 구성에 가격도 저렴해서 국내에서는 나름대로 인기를 끌고 있었습니다.

회사는 국내에는 실용신안과 디자인을 여러 건 등록해두었고 상표도 물론 가지고 있었습니다. 제품 제조 자체는 중국에서 했기 때문에 중국에도 실용신안을 등록하긴 했지만 국내와 달리 1건만 등록하였고 그나마 초기 모델로 등록한 거라 실제 제품과는 약간 차이가 있었습니다. 심지어 상표등록도 없었습니다. 중국에서는 지식재산권을 등록해봐야 실제로 권리 행사하기는 어려울 것으로 생각하고 실용신안 1건 이후로는 전혀 권리확보를 하지 않은 것이죠.

제품 구조가 단순한 편이고 가격도 높지 않으니 출시 후 얼마되지 않아 중국에서 유사 제품이 나오기 시작했습니다. 가격은 거의 절반 수준에 형태는 비슷하나 소재나 정확도 등 품질 면에서는 크게 떨어지는 제품이었고요. 회사는 중국에서 가품이 생산 유통되는 것은 어쩔 수 없다는 생각이었던 터라, 적극적으로 대응하지는 않고 있었는데요.

문제는 타오바오 등 온라인 유통 플랫폼에서 한국 소비자들이 직접 제품을 직구하는 일이 늘어나면서, 국내로 가품이 수입되기 시작한 것이었습니다. 상표는 물론 제품 상세페이지까지 그대로 베낀 데다 제품 자체도 얼핏 보아서는 같은 것으로 보이니 유명 회사에서 만든 제품이 품질이 왜 이러냐는 소비자 컴플레인까지 받을 정도였습니다. 소비자들 입장에서는 같은 제품을 회사에서 중국에 판매하려고 가격을 낮춰서 중국 온라인 플랫

"다른 건 몰라도 가품이 한국으로 수입되는 건 막아야겠습니다"

폼에서 판매하고 있다고 충분히 오인할 정도로 정말 그대로 베끼고 있었으니 그럴 만도 했습니다. 결국 회사는 한국에 중국산 가품이 직구 등의 형태로 수입되는 것을 막기 위해서라도 중국에서 가품 생산을 못하게 하거나 유통을 막을 수밖에 없다는 결론에 이르렀습니다.

권리를 행사하려면 권리가 있어야 합니다. 그런데 회사는 Shield에 대해서는 중국에는 실용신안 1건 외에는 아무런 권리도 없었습니다. 권리를 확보하는 일부터 시작했습니다. 우선 급하게 등록이 되든 안 되든 상표출원을 진행했습니다. 하지만 당시에는 중국의 상표출원은 심사에 8개월 정도 걸리던 시점이었습니다. 상표권을 행사하려면 1년 이상 걸리는 거죠.

당장 가품 판매를 중단시킬 수 있는 방안이 없나 궁리하다 침해제품을 판매하는 타오바오 내 상세페이지를 자세히 살펴서 3장의 사진을 저작권 등록하기로 했습니다. 다행인지 불행인지 가품 판매자가 제품과 상표만 베낀 것이 아니라 회사의 자사몰 내 상세페이지 사진까지 그대로 베끼고 있어서 가능한 일이었습니다. 제품 사진만 그대로 가져다 썼다면 저작물성 부족으로 저작권 침해가 안됐을 수도 있었습니다. 하지만 모델컷 등 연출사진까지 그대로 가져다 쓰는 바람에 오히려 일이 쉬워졌습니다. 최대한 많은 사진을 저작권 등록하면 좋겠지만 그 모든 것이 다 비용이니 가장 효율적으로 판단되는 사진을 3장만 추려서 저작권 등록했습니다. 저작권 등록은 서류만 잘 갖추면 바로 나오니 1개월 이내 저작권 등록이 확보되었습니다.

이와 더불어 등록해두었던 실용신안의 권리평가를 해서 실용신안침해도 주장하기로 했습니다. 공인된 실용신안 권리평가 회사에 맡겨서 평가서를 준비했고 실용신안 자체는 권리성 있는 것으로 평가되었습니다. 다만, 등록실용신안이 권리성이 있는 것과 실제 제품이 등록실용신안권을 침해하는지는 다른 문제였죠. 그래도 실용신안권 침해도 주장해보기로 했습니다. 저작권 등록만 주장하기는 좀 약하다는 생각에요.

타오바오와 티몰에 저작권 침해와 실용신안 침해로 신고를 했습니다. 우여곡절 끝에 결론적으로 타오바오와 티몰 둘 다 저작권 침해 신고가 수용되어 가품은 삭제되었습니다. 실용신안은 한참을 고민하더니 결국 타 기관에서 확인 받아오라는 결론을

"다른 건 몰라도 가품이 한국으로 수입되는 건 막아야겠습니다"

내더라고요. 실용신안의 경우는 특허심판원 등 공적 기관에서 판단해야지 자신들이 직접 판단하기는 어렵다는 것이었습니다.

어찌됐든 저작권 침해라도 인정이 되었고 가품이 바로 삭제되었으니 소기의 목적은 달성한 셈이었죠. 다만, 저작권 침해는 상세페이지에서 사진 몇 장만 삭제하면 피할 수 있어 가품이 다시 올라오지 않을까 우려가 되었습니다. 하지만 침해자들은 더 이상 소명하거나 새로 제품을 등록하진 않더라고요. 그것으로 사건은 일단락 되었습니다. 그러나, 언제든지 다시 가품이 유통될 우려가 있었으니 그 점을 어떻게 해결해야 할지 고민스러운 상태였는데요.

한국 세관을 이용하기로 했습니다. 세관에 특허권이나 상표권을 등록하면 유사 제품이 통관할 때 진정상품 여부를 감정하고, 세관에서 직접 감정이 어려우면 권리자에게 확인을 요청합니다. 그러니 중국에서 가품이 국내로 수입되는 일을 어느 정도는 봉쇄할 수 있죠. 등록할 때 침해 우려 업체 리스트도 올리게 되어 있으니 더욱 효과적으로 국내 수입을 막을 수 있고요. 직구의 경우는 현실적으로 세관을 통해서는 막기 어렵지만, 타오바오 등에서 가품이 또 판매된다면 그때는 중국에 등록해둔 저작권이나 실용신안권을 활용해서 지재권 침해 신고를 하면 되니 지속적으로 모니터링하면서 각개로 해결하기로요.

다행히 수 개월 후 출원해두었던 중국상표가 다행히 등록되었습니다. 이번에는 그걸로 만족하지 않고 중국 해관에도 상표를 등록했습니다. 가품으로 의심되면 통관보류 조치되면서 수출입 자체가 안 될 수 있도록요.

해외에서 침해가 발생했을 때 고소나 민사소송 등의 조치도 물론 중요합니다. 하지만 만약 가품이 온라인몰을 통해서 유통되고 있다면 각 플랫폼들이 운영하고 있는 지식재산권 침해 센터를 이용할 수 있습니다. 더불어 국내와 그 나라 세관에 상표 등 지식재산권을 등록하면 행정조치로 가품이 어느 정도는 알아서 걸러집니다. 아무래도 고소나 소송보다는 손쉽고 효율적인 방법입니다.

"다른 건 몰라도 가품이 한국으로 수입되는 건 막아야겠습니다"

"퇴사자가 도메인을 등록해
버렸는데 어쩌죠?"
- 인터넷주소 분쟁조정 -

인터넷주소 곧 도메인이름도 상표입니다. 상표란 근본적으로는 나와 타인의 상품을 구별하게 해주는 모든 표시를 말하는데, 인터넷주소도 소비자들에게 제품의 출처를 표시하는 역할을 하니 상표입니다.

TP사는 스피커, 앰프, 마이크 등을 생산하는 나름대로 알려진 음향기기 전문 회사입니다. 마샬이나 뱅앤올룹슨처럼 명성은 없어도 전국 노래방에는 TP사의 제품이 쫙 깔려있으니 어쩌면 저명성은 덜 할지 언정 매출 규모는 결코 만만치 않은 회사였습니다.

하지만 글로벌 영업을 적극적으로 하는 회사도 아니고 B2C 영업보다는 B2B영업을 하다보니 브랜드가 그렇게 중요한 회사는 아니었습니다. 그래서 상표도 하나뿐이었고 도메인도 www.tpspeaker.co.kr 하나만 운영하고 있었습니다. 그것으로도 충분했던 거죠. 홈페이지는 구색용이고 실제 제품 판매는 소매점들이나 카탈로그를 통해서 이뤄지고 있었기 때문입니다.

그런데, 전혀 예상치 못하게 해외영업부에 있던 과장이 퇴사를 하면서 TP사 제품을 포함한 노래방 관련 기기를 동남아에 수출하는 회사를 창업했는데요. 글쎄, www.tpspeaker.com을 도메인등록하고, 메인화면에 "korean karaoke, amp., mic., speaker overseas sales"라고 하면서 개인 휴대폰 번호와 사업장 주소를 써놓은 것입니다.

소비자들에게는 TP사가 직접 운영하거나 혹은 관련 있는 회사가 도메인 등록을 하고 웹사이트를 개설한 것으로 충분히 오인할 수 있는 정황이었습니다. 실제로는 퇴사자에 불과할 뿐 TP

사와는 아무런 계약 관계도 법적 관계도 없는 데도요. 무엇보다 닷컴 도메인의 특성상 회사의 공식 도메인으로 오인될 수 있으니 TP스피커로서는 닷컴 도메인을 타인이 소유하고 있다는 사실 자체가 달갑지 않았습니다.

이렇게 타인이 등록한 도메인이 자신의 상표권을 침해하고 있다고 생각이 되면, 인터넷주소분쟁조정신청을 통해 도메인등록의 말소나 이전을 신청할 수 있습니다.

그런데, 닷컴 도메인은 최상위 도메인으로 국제인터넷주소관리기구(ICANN)에서 분쟁조정을 진행해야 합니다. 영어로 진행하는 것이 원칙이고 비용도 높죠. 단, ICANN은 세계 여러 지역에 나누어 조정센터를 두고 있는데 우리나라에도 센터가 있습니다. 다행히 문제의 인터넷주소가 한국의 가비아를 통해 등록되었고 상표권자와 등록명의인 모두 한국인이어서 한국어로 절차 진행이 가능했습니다. 덕분에 비용을 크게 줄일 수 있었고요.

TP사에서 상표권을 보유하고 있는 것이 명백하고, 도메인등록인이 퇴사자인데다, 메인화면에 TP사와 관련된 상품을 판매하는 것으로 표시하고 있으니 조정 자체는 순조롭게 이전으로 결론이 나서 TP사는 결국 www.tpspeaker.com 도메인을 이전 받을 수 있었습니다.

다만, 직접 도메인등록을 했더라면 5만원도 안 되는 비용으로 도메인을 확보할 수 있었을 텐데, 조정을 하느라 수 백만원을 썼으니 쎼사로서는 결과가 좋긴 했지만 마냥 웃을 수 만은 없는 노릇이었죠.

인터넷주소는 물론 나아가 인스타그램이나 유튜브 계정이나 블로그 아이디도 상표로 작용합니다. 유사 아이디나 계정 이름이 생기고 그것이 실제로 운영까지 된다면 소비자들이나 기업 모두에게 바람직한 일은 아닐 것입니다. 조금 더 적극적으로 이들을 선등록 해서 관리할 필요가 있습니다. 미리미리 대비해서 나쁠 것은 없으니까요.

Chapter III

Miscellneous

글로벌 시대, 상표의 국경은 어디까지일까?

글로벌 시대, 우리나라의 왠만한 제조사는 처음부터 수출을 염두에 두고 신제품을 기획합니다. 내수 시장은 작고 점점 줄어들고 있지만 해외에서 한국 제품은 나날이 인정받고 있으니 당연한 일입니다.

그러다 보니, 전 세계에서 한 번에 상표를 등록 받을 수 있는 제도는 없는지 자주 궁금해들 합니다. 마드리드 시스템에 의한 국제상표등록이 조약 가입국 전체에서 한 번에 등록이 생기는 줄 알고 있다가 출원 시 국가를 지정해야 하고 각 국가 특허청에서 등록허여를 받아야 실제로 상표권이 생기는 출원 편의 제도에 불과하다는 걸 알게 되면 꼭 한 번씩 하는 질문이죠. 국가마다 등록해야 하는 것이 번거롭고 비용도 많이 드니 충분히 이해됩니다.

하지만 법이라는 것은 자체적으로 속지주의가 원칙일 수밖에 없습니다. 해당 국가 특허청의 심사 없이 그대로 국제적으로 한 번에 상표등록이 되는 날은 아마 올 수 없지 않을까 싶습니다.

게다가 국제등록시스템은 사실 글로벌 대기업이 많은 선진국에 유리한 제도입니다. 전 세계에 제품을 팔고 있는 글로벌 대기업들이야말로 가장 열렬하게 그런 '통합' 국제상표등록이 필요하죠. 하지만 그렇게 되면 시간이 지날수록 더 글로벌 대기업의 상표 선점이 뚜렷해질 것입니다. 각 국가의 중소기업들은 브랜드 확보가 점점 더 어려워질 것이고요. 여러모로 모든 국가들은 자국 산업을 우선해서 보호해야 하니 아마도 그런 시스템이 생기기는 정말 어려울 것 같아요.

하지만 현실적으로 국경이 없는 여러 서비스들이 있습니다. 대표적으로 유튜브 채널명이나 인스타그램 계정은 언젠가는 국제적 합의가 필요할 겁니다.

채널명이나 계정명은 일종의 예명이었지만 이제는 사실상 상표로 작동하고 있으므로 상표로 보는 것이 타당합니다. 그 자체가 브랜드로 유명해지기도 하고 팔로워수나 구독자수에 따라 수익도 발생하니 상표가 맞습니다. 문제는 유튜브 서비스나 인스타그램에는 국경이 없다는 것이죠.

싱가포르에서 상표 침해 이슈가 생겼던 P브랜드를 생각해보면 운 좋게 싱가포르 특허청에서 침해자 정보를 확인했고 침해자 쪽에서 더 큰 분쟁이 생기기 전에 스스로 꼬리를 내렸기에 빠르게 해결이 가능했었지, 만약 그 사건이 정말 법적 분쟁으로 번지게 되었다면 침해자의 각 침해 행위마다 일일이 법적 대응을 했어야 했습니다.

예를 들어, 침해자의 홈페이지와 쇼핑몰은 도메인네임을 .kr로 하고 있었으니 그 부분은 한국도메인분쟁조정위원회를 통해서 도메인네임 말소나 이전을 신청했어야 했을 겁니다. 가품은 쇼피를 통해 싱가포르를 포함해서 말레이시아와 인도네시아 일대에 유통되고 있었으니 우선은 쇼피에 지식재산권 침해 신고를 하고 이후에는 각 국가 법원에 상표권 침해 소송을 해야 합니다. 물론 해당 국가에 상표권이 모두 확보되어 있어야 가능한 일입니다.

인스타그램이나 유튜브 계정은 어떻게 할 수 있었을까요? 도메인이름처럼 국가 도메인이 있는 것도 아니고 계정 정보는 미국에 있는 알파벳과 메타 서버에 있을 테니 미국상표권에 기반해서 계정 삭제를 요청했어야 할까요? 무엇이든 권리를 주장하려면 우선 그 나라에서 실제적으로 효력이 있는 권리를 가지고 있어야 할텐데, 미국 상표권으로 싱가포르 회사의 인스타그램 계정 삭제를 요청한다는 것이 참으로 이상한 일입니다.

글로벌 시대, 상표가 유통되는 지역적 범위는 이제 국경이 없어지고 있습니다. 나라들끼리 전쟁은 해도 상품은 여전히 유통되더라고요. 이런 상황에서 우리의 국제상표등록시스템은 어디를 지향해야 할까요? 속지주의와 각 국가의 자국 산업 보호, 그리고 국경 없는 상품 유통이라는 현실 3마리 토끼를 어떻게 현명하고 균형감 있게 잘 좇을 수 있을지 곰곰이 생각해봅니다.

외국 주지상표 등록저지의 상호주의에 대한 심각한 고민

상표법에서 등록을 거절하거나 무효로 하는 사유는 대개 크게 3가지로 분류할 수 있습니다. 식별력이 없거나, 선행상표와 동일 또는 유사하거나, 그리고 타인 상표를 모방한 경우입니다.

타인상표를 모방한 출원을 거절하거나 무효로 해야 하는 이유는 상표법이 상표권자만 보호할 것이 아니라 소비자를 보호하는 역할도 해야 하기 때문입니다. 일종의 공정거래법의 하나로 이미 시장에 형성된 미등록상표에 대한 소비자들의 신뢰가 있다면 그것도 보호해야 한다는 것입니다. 쉽게 말하면 상표등록

없이 사용만 한 경우라도 어느 정도 알려져 있다면 타인이 그 상표를 가져서는 안 된다는 거죠. 소비자들은 이미 A회사의 상표로 알고 있는데 엉뚱한 B사가 상표권자라면 A사가 그 상표를 이용해서 제품을 생산하고 있을 거라는 소비자들의 신뢰를 깨뜨리게 되니까요.

그런데 우리 상표법은 이 미등록주지상표가 국내에서 알려져 있을 경우만이 아니라 해외 한 개국에서만 알려진 때에도 그와 동일하거나 유사한 상표의 등록을 막고 있습니다. 외국에서만 어느 정도 알려진 상표라도 언제든지 국내 유입될 수 있으니 소비자 보호를 위해서도 필수겠지만, 외국과의 교역이 중요한 우리 산업 구조상 우리 상표를 해외에서 적극적으로 보호해달라고 하기 위해서도 중요한 정책입니다.

우리 상표법의 타인 상표 모방 금지 경향은 점점 강화되고 있어서, 부정한 목적으로 타인의 상표를 모방한 경우 뿐만 아니라 거래관계에 있어 타인 상표인 것을 알면서 출원한 경우도 거절하며, 실제 심사에서도 국내든 외국이든 타인이 이미 사용 중인 상표라고 추정되면 그다지 알려져 있지 않은 경우라도 우선 거절이유를 통지하고 의견서를 내보도록 하는 경우가 점점 많아지고 있습니다. 등록주의가 원칙이 맞나 싶을 정도로요.

문제는 우리 상표법과 상표심사실무에서는 이렇게 타인 상표 모방에 대해 엄격한 반면, 외국의 상표법과 외국 특허청의 심사 경향은 그렇지 않다는 것입니다.

분명 정황상 우리 기업의 상표를 모방한 것으로 충분히 생각할 만한 경우에도 아직 많은 외국의 특허청들이 자국에서 널리 알려져 있지 않거나 부정경쟁 목적이 확실치 않다는 이유로 자국인의 출원을 보호하는 듯한 경향을 보일 때가 자주 있습니다.

자국 산업 보호가 당연히 우선이고 각 국가마다 처한 상황과 국제사회에서의 위치가 다르니 어쩔 수 없나 싶다가도, 우리는 백을 주는 데 그만큼은 못해도 칠팔십은 돌려 받아야 하는 게 아닌가 생각될 때도 솔직히 있습니다.

정책적인 문제겠으나 당장의 피해는 우리 기업이 각자 부담해야 하니 참으로 아쉬운 일입니다. 우리가 해외에서만 알려진 상표를 적극 보호하는 것처럼, 외국 특허청에서도 우리나라 상표를 적극적으로 보호해준다면 참 좋겠습니다.

사용주의냐 등록주의냐 그것이 문제로다

우리나라 상표법은 등록주의를 근간으로 일부 사용주의적인 요소를 가미하고 있습니다. 먼저 등록한 자에게 상표권을 허여하되, 미등록이라도 이미 출원 전 알려진 상표라면 그것을 모방한 출원은 등록을 거절하는 거죠. 또 미등록이라도 알려져 있다면 부정경쟁방지법에 의해 침해자에게 민형사상 조치도 가능합니다.

하지만 등록주의는 많은 문제가 있습니다. 확정적인 상표권 관리라는 큰 여우를 잡기 위해 많은 것들을 포기해야 하는데요.

대표적으로, 사용하지 않는 상표도 누군가 불사용 등록취소심판이라는 별도 절차를 밟지 않는 한 계속 등록이 유지된다는 것입니다. 갱신신청만 계속하면 사용하지 않아도 영원히 보유할 수 있습니다. 하지만 이렇게 되면 점점 등록할 상표가 없어지게 되는 거죠.

사용주의를 근간으로 한다면, 이런 경우는 없습니다. 사용을 해야 등록이 되고, 등록을 유지하기 위해서는 매 3년, 5년, 갱신 때마다 사용선언서를 제출해야 하니까요. 사용하지 않고 있으면 그 등록은 소멸하니, 안 쓰는 상표는 저절로 정리됩니다.

우리나라에서는 가끔 사용하지도 않으면서 같은 상표를 3년마다 계속 출원하면서 취소심판도 어렵게 만들어 결국 상표권을 독점하기도 하고 더 적극적으로는 사용금지요청 등을 하기도 하는데요. 사용주의 국가에서는 이런 일은 애초에 있을 수도 없습니다. 사실 사용하지도 않는 상표로 권리행사를 한다는 것은 부당한 일입니다. 상표는 사용해야 가치가 생기는 것인데, 사용하지도 않은 등록상표 만으로 권리행사가 가능하다는 것이니까요.

하지만 또 사용주의 역시 문제가 많습니다. 사용하기만 하면 상표권이 있는 것이니 등록만 안 하고 이미 오래 전부터 사용해온 상표가 충분히 있을 수 있습니다. 미국특허청에 상표등록을 했더라도 이미 출원 전에 뉴욕에서 사용했던 타인 상표가 있었다면 뉴욕에서는 연방상표권자에게 상표권이 없다는 것이니까요. 상표 분쟁이 생길 가능성이 높아지고 누가 진정한 상표권자인지 미리 확인하고 대비하기가 어렵습니다. 불확실한 법적 토대 위에서 사업을 안정적으로 영위하는 것은 정말 어려운 일이지요.

등록주의를 기본으로 하되 대신 사용자료를 일정 시기마다 제출해야 등록이 유지된다거나 불사용을 이유로 등록취소를 청구할 때는 당사자계 심판으로 바로 진행하기보다는 취소신청이라는 중간 절차를 두면 어떨까 생각해봅니다. 인도나 중국에서는 이미 그렇게 운영하고 있습니다.

하지만 정말 바람직하게는 사용주의와 등록주의를 절묘하게 조화시킨 제 3자의 원리가 등장하는 것 일텐데.. 아직은 특별한 묘안은 없어 현실적으로 어느 쪽이 더 효율적인가 자주 생각해봅니다.

다만, 무엇이든 결국은 이익형량의 문제이고, 아마도 등록주의를 근간으로 하는 우리 상표법에서는 사용주의적인 요소가 점점 늘어나는 것이 타당하지 않나 싶습니다. 상표는 결국 사용에 의해 가치가 생기는 권리니까요.

에필로그
JUST DO IT

지식재산권이라는 분야에서 일한 지 어느덧 20년 가까운 시간이 흘렀습니다. 그동안 수많은 기업과 함께 크고 작은 문제를 해결해 왔습니다. 잘된 일도 있었지만, 잘 안된 적도 많았습니다.

처음 일을 시작했을 때 저는 법과 규정의 합리성이 현실에서도 그대로 통할 거라고 굳게 믿었던 것 같습니다. 조문과 판례가 수학 공식처럼 현실 세계에도 적용될 것이라고요. 그래서 문제를 들여다보고는 "이 건은 이래서 틀렸다" 혹은 "이 건은 이래서 이럴 것이다"며 자신 있게 쉽게 판단을 내리곤 했죠. 하지만 시간이 흐르고, 경험이 쌓일수록 세상이 그렇게 합리적이지만은 않다는 것을 깊이 깨닫습니다.

현실은 법과 규정만으로는 납득되지 않는 일이 훨씬 더 많았습니다. 사람들의 감정, 이해관계, 더 큰 경영상의 전략이나 갑작스러운 정치 사회적 변화 등 예상치 못한 변수가 마구 뒤섞이며 법리 만으로 설명할 수 없는 문제들이 참 많았습니다. 처음에는 그 복잡함이 답답하게 느껴졌습니다. 다 잘못됐다고 생각한 적도 많았지요. 하지만 어느 순간부터는 그 자체가 일의 본질이라는 걸 깨닫게 됐습니다. 복잡함과 어려움의 핵심은 늘 '사람'이었고, 그 사람들을 이해하고 방법을 찾아내 가는 과정이 바로 제 일이었습니다.

돌아보면 20년이라는 시간 동안 제가 가장 크게 배운 것은 결국 버티는 것의 힘인 것 같습니다. 끝까지 포기하지 않고 나아가다 보면 원하는 결과를 만들고 무언가를 이뤄낸다는 사실을 반복해서 보게 됩니다. 결과가 어떻게 나오든, 무너지지 않고 견디는 마음이야말로 가장 중요한 자산인 것을요.

짧지 않은 시간 동안 일하면서 모든 답을 알 수 없다는 사실도 깨닫습니다. 아니 어쩌면 답은 처음부터 없었을지도 모르겠다고 느낍니다. 오히려 일을 오래 할수록 점점 더 모르는 게 많아지는 기분이거든요. 하지만 그것이 두려운 일은 아닙니다. 모른다는 사실을 인정하고, 그럼에도 불구하고 한 걸음씩 찾아 나가보는 것. 아니 어쩌면 원하는 답을 '만들어' 나가보는 것. 어쩌면 그게 제가 이 일을 계속해 나갈 수 있는 이유일지도 모르겠습니다.

앞으로의 20년을 상상해 봅니다. 그 시간 역시 지금처럼 예측할 수 없는 일들로 가득하겠죠. 그 속에서 저는 계속해서 고민하고, 탐색하고, 배우고, 만들어 나갈 겁니다. 그 혼란할 와중에도 저는 스스로에게 한 가지는 잊지 않았으면 좋겠다고 말해봅니다. 포기하지 않고, 끝까지 가겠다는 단단한 마음. 그것만 있다면 어떤 일도 해낼 수 있을 거라고요.

혹시 지금 예상치 못한 문제로 길을 잃었다고 느끼는 분들이 있다면, 두려워하지 말고 우선 발을 내디뎌 보세요. 작은 걸음이라도 내딛는 것이 원하는 답으로 가는 첫 번째 길이 될 겁니다.

부족한 부분은 채우면 되고, 길은 찾아내면 됩니다. 정말 중요한 건, 지치지 않고 끝까지 가겠다는 마음입니다.

JUST DO IT. 이 문구처럼 저도 일단 시작해보고, 왠만해서는 포기하지 않으려고 합니다.

여러분을 응원합니다.